Welche beiden Elemente sind für das Wirksamwerden einer Willenserklärung erforderlich?

Wirksamwerden einer WE

↳ Basics Zivilrecht – Band I, Rn. 11 f.

Voraussetzungen für Wirksamwerden

(1)	Abgabe	Vgl. § 130 I S.1 („…abzugeben ist“)

↓

(2)	Zugang beim Erklärungsempfänger	Vgl. § 130 I S.1

Definieren Sie den Begriff der Abgabe einer Willenserklärung! Welche Besonderheit ergibt sich für nicht empfangsbedürftige Willenserklärungen?

Zeitpunkt des Wirksamwerdens

↳ BGB-AT I: Karteikarte Nr. 28

Abgabe: willentliche Entäußerung der Erklärung in den Rechtsverkehr

Empfangsbed. WE:	*Nicht* empfangsbedürftige WE:
Abgabe (+), wenn z.B. Bestellkarte in Postbriefkasten nicht: Liegenlassen auf Schreibtisch (vgl. aber KK 22)	Abgabe (+), sobald der Wille erkennbar geäußert ist (z.B. Testament: wenn geschrieben und unterschrieben) Da Zugang nicht erforderlich, wird WE **mit Abgabe wirksam**!

Ist bei einer sog. abhandengekommenen Willenserklärung eine wirksame Abgabe gegeben?

Abhandengekommene WE

↳ BGB-AT I: Karteikarte Nr. 29

Abhandenkommen: WE gelangt ohne den Willen des Erklärenden in den Rechtsverkehr (z.B.: Ehefrau wirft auf Schreibtisch liegende Bestellkarte in Briefkasten)

h.M.: Rechtslage wie beim fehlenden Erklärungsbewusstsein: Liegt „Erklärungsfahrlässigkeit vor"? dann Zurechnung (+) und WE (+)

⇕

a.A.: keine WE, aber Haftung auf Sekundärebene nach § 122 BGB analog (str.) bzw. aus c.i.c.

Wann liegt eine zurechenbare WE vor?

- Frankierter Brief wird zugänglich für Familienangehörige abgelegt
- Wenn WE (+), dann Anfechtung mit der Folge der Haftung nach § 122 BGB

Wann ist eine empfangsbedürftige WE unter Abwesenden zugegangen?

Zugang

↳ Basics Zivilrecht – Band I, Rn. 11

Zugang (+), wenn WE so in den **Machtbereich** des Empfängers gelangt ist…

- durch Eingang in typ. Empfangsvorrichtung (z.B. Briefkasten)
- durch Einschaltung von Mittelspersonen (z.B. Empfangsbote)

…dass dieser unter normalen Umständen von ihr **Kenntnis erlangen kann** und dies nach den Gepflogenheiten des Rechtsverkehrs **von ihm erwartet** werden darf (z.B. nach BGH bei Einwurf am 31.12. nachmittags nicht der Fall)

! die *tatsächliche* Kenntnisnahme ist **nicht** erforderlich !

Wann ist eine empfangsbedürftige WE unter Anwesenden zugegangen?

! Zugang unter Anwesenden

↳ BGB-AT I, Rn. 106 ff.

Keine gesetzliche Regelung
↳ analoge Anwendung des § 130 I S.1

Verkörperte WE

mit **Übergabe**

(-) bei heimlichem Zustecken; bloße Unterzeichnung im Beisein des Empfängers genügt nicht

Nichtverkörperte (i.R. mündliche) WE

h.M.: wenn Erklärender damit rechnen konnte, richtig verstanden worden zu sein (eingeschränkte Vernehmungstheorie)

⇕

a.A.: wenn Empfänger die Erklärung richtig verstanden hat (reine Vernehmungstheorie); Nachteil dieser Ansicht: hohe Rechtsunsicherheit!

Was versteht man unter Zugangsvereitelung und welche Fälle sind zu unterscheiden?

Zugangsvereitelung

↬ BGB-AT I: Karteikarte Nr. 30

Zugangsvereitelung: WE gelangt aufgrund von Hindernissen aus der Sphäre des Empfängers gar nicht erst in dessen Machtbereich

Fahrlässige ZV

z.B. **versehentliche** Nichtmitteilung einer neuen Adresse nach Umzug

⇔

Arglistige ZV

z.B. **absichtliches** Nicht-Abholen eines Einschreibens trotz Benachrichtigung

Was ist die Rechtsfolge einer Zugangsvereitelung?

Zugangsvereitelung

↳ BGB-AT I, Rn. 101 ff.

Fahrlässige Zugangsvereitelung

- Zugang erst (+), wenn tatsächlich erfolgt; Zugang muss also nachgeholt werden
- Empf. muss sich bzgl. des *Zeitpunkts* des Zugangs dann aber nach § 242 so behandeln lassen, als wäre Zugang schon im ZP der Zugangsvereitelung erfolgt!

Arglistige Zugangsvereitelung

Heute h.M.: Wahlrecht des Erklärenden, ob er die Erklärung gelten lassen will
↳ Berufung des Empfängers auf Verspätung wäre rechtsmissbräuchlich, § 242 (**keine** erneute Zusendung erforderlich)

Wer trägt das Risiko einer Falschübermittlung, wenn bei Abgabe oder Zugang einer WE Boten eingeschaltet werden?

Einschaltung von Boten

↳ BGB-AT I: Karteikarte Nr. 31

Zur **Abgabe** der WE vom Erklärenden eingeschaltet: **Erklärungsbote**

Zugang: wenn WE dem Empfänger übermittelt wurde

Bei **Zugang** der WE vom Empfänger eingeschaltet: **Empfangsbote**

Zugang: wenn mit der Möglichkeit der Weiterleitung an den Empfänger zu rechnen ist

Risiko der Falschübermittlung trägt:

- Erklärender
- Empfänger

Unter welchen Voraussetzungen ist eine Mittelsperson Empfangsbote?
Wie ist zum Erklärungsboten abzugrenzen?

Erklärungsbote

↳ BGB-AT I, Rn. 105

Empfangsbote ist, wer **bereit**, **geeignet** und **ermächtigt** ist (bzw. nach Verkehrsanschauung als ermächtigt anzusehen ist), die Erklärung entgegenzunehmen

Geschäftsfähgk. nicht erforderlich, jedoch geistige Fähigkeit zur Wiedergabe erforderlich

- Ehepartner, Partner nichtehelicher Lebensgemeinschaft
- Familienangehörige, WG-Mitbewohner im selben Haushalt

Wenn obige Voraussetzungen **(-)**: Mittelsperson ist nur Erklärungsbote!

- Kleinkind, Nachbar, zufällig anwesender Handwerker

Wie ist die Figur des Erklärungsboten von der Stellvertretung abzugrenzen?

Erklärungsbote

↳ BGB-AT I, Rn.189

Erklärungsbote

= Überbringer einer fremden Willenserklärung

Stellvertreter

= gibt eine eigene WE (in fremdem Namen) ab

Abgrenzung eigene / fremde WE nach Auftreten für **objektiven Beobachter**: Auftreten als Vertreter (v.a.: Handlungsspielraum) oder als Erklärungsbote?

Was ist unter „Angebot" und „Annahme" i.S.d. §§ 145 ff. BGB zu verstehen?

Zustandekommen des Vertrages

↳ BGB-AT I, Rn.132

Zustandekommen des Vertrages setzt übereinstimmende Willenserklärungen voraus:
Die zeitlich erste WE heißt **„Angebot“** bzw. **„Antrag“**, die im Bezug auf diese abgegebene und zeitlich nachfolgende WE heißt **„Annahme“**.

Erläutern Sie das Erfordernis der hinreichenden Bestimmtheit des Angebotes!

↳ BGB AT I, Rn.134

Hinreichende Bestimmtheit

Angebot muss inhaltlich so bestimmt sein, dass es durch ein bloßes „Ja“ angenommen werden kann

↓

Die wesentlichen Vertragspunkte des jew. Vertrages (sog. *essentialia negotii*) müssen sich aus Angebot zumindest per **Auslegung** (§§ 133, 157) ermitteln lassen
z.B. beim Kaufvertrag: Kaufgegenstand, Vertragspartner, Kaufpreis.

Nennen Sie Fälle, in denen ein wirksames Angebot vorliegt, obwohl eine hinreichend bestimmte Festlegung der essentialia negotii fehlt!

Unvollständiger Antrag

↳ BGB-AT I: Karteikarte Nr. 32

Wirksames Angebot trotz unvollständigen Antrages:

- Ergänzung durch gesetzliche Regelung, §§ 612 II, 632 II
- Einigung über Bestimmbarkeit und Möglichkeit der sachgerechten Ergänzung, §§ 315 - 319
- Bestimmungskauf, § 375 HGB
- gesetzliche oder vertragliche Wahlschuld (z.B. Verpflichtung, von zwei bestimmten Sachen eine zu liefern)
- Angebot an jedermann *(ad incertas personas)*, z.B. öffentl. Verkehrsmittel, Warenautomat

Was versteht man unter einer Realofferte?
Was unter einer invitatio ad incertas personas?
Nennen Sie Beispiele!

↳ BGB-AT I, Rn.136

Realofferte: konkludentes Angebot durch tatsächliches Bereitstellen der Leistung (Angebot zum schuldrechtlichen und auch zum dinglichen Vertrag fallen i.d.R. zusammen), z.B.: Warenautomat, öfftl. Verkehrsmittel

invitatio ad incertas personas: Angebot an unbestimmten Adressatenkreis; häufig in Gestalt der Realofferte, z.B. auch: Warenautomat!

Wie kommt beim Warenautomat der Vertragsschluss zustande?

↳ BGB-AT I: Karteikarte Nr. 34

Vertragsschluss beim Warenautomat

Angebot

- Angebot durch Aufsteller ad incertas personas auf Abschluss eines Kaufvertrages, §§ 433 ff.
- 3-fach bedingt (§ 158 I): **Gegenleistung** erbracht (richtiger Betrag, kein Falschgeld); Ware **vorrätig**; Automat **funktioniert**

Annahme

konkludent durch Einwerfen des Geldes, §§ 133, 157; auf Zugang der Annahmeerklärung wird verzichtet, § 151 S.1 Alt.1

Stellt § 151 S.1 BGB einen Fall des rechtlich erheblichen Schweigens dar?

↳ BGB-AT I: Karteikarte Nr. 35

NEIN!
Verzichtet wird *nicht* auf die Annahmeerklärung (auch konkludent möglich, § 133), sondern lediglich auf deren **Zugang** (!), wenn:

- nach Verkehrssitte Annahmeerklärung nicht zu erwarten war (Alt. 1)

  z.B.: Versandhandel; unentgeltliche Zuwendungen

- der Anbietende darauf verzichtet hat (Alt. 2)

  z.B.: kurzfristige Hotelzimmerbestellung; Aufforderung zur sofortigen Warenlieferung

Wann liegt eine verspätete Annahme vor und wie ist sie zu behandeln?

Verspätete Annahme

↳ BGB-AT I: Karteikarte Nr. 40

§ 150 I: verspätete Annahme gilt als neuer Antrag

Ausnahme: § 149, wenn Annahmeerklärung rechtzeitig abgesandt, aber durch bestimmte, dem Anbieter erkennbare und vom Absender nicht zu verantwortende Umstände verspätet eingetroffen ist

Annahmefrist, § 147 (Ausnahme: § 148)

→ § 147 I: unter Anwesenden
Annahme nur **sofort**

→ § 147 II: unter Abwesenden
Annahme nur bis Zeitpunkt, zu dem sie unter regelm. Umständen noch erwartet werden kann

Welche Bedeutung hat grundsätzlich das Schweigen im Rechtsverkehr?

Wirkung des Schweigens

↳ BGB-AT I, Rn. 141 ff.

Schweigen hat grundsätzlich **keine Erklärungswirkung**, bedeutet also *weder* Zustimmung *noch* Ablehnung!

Ausnahmen:

- **„Beredtes Schweigen"**
  - Ausnahmsweise WE
  - vgl. KK Nr. 38
- **Gesetz fingiert Schweigen als WE**
  - **Zustimmung**: §§ 416 I S.2; 455 S.2, 516 II S.2; 1943 BGB; § 362 I S.2 HGB
  - **Ablehnung**: z.B. §§ 108 II S.2; 177 II S.2; §§ 415 II S.2; 451 I S.2

Was versteht man unter beredtem Schweigen?

↳ BGB-AT I: Karteikarte Nr. 36

Beredtes Schweigen

Schweigen stellt ausnahmsweise WE dar, ohne dass gesetzl. Regelung dies vorsieht

⇓

- Parteien vereinbaren, dass Schweigen Erklärungscharakter haben soll (⇨ Privatautonomie; § 308 Nr. 5 beachten!)
- Bei langer Geschäftsbeziehung evtl. gem. **§ 242** Verpflichtung, sich zu Angebot zu äußern; wenn (-): Annahme!
- geringfügig abweichende bzw. geringfügig verspätete Annahme: = neues Angebot, § 150 I, II; aber wg. **§ 242** stellt Schweigen hierauf Annahme dar.

Kann ein Schweigen mit Erklärungswirkung angefochten werden? Wenn ja, stellt der Irrtum über die Rechtsfolge des Schweigens einen Anfechtungsgrund dar?

Anfechtung d. Schweigens

↳ BGB-AT I: Karteikarte Nr. 37

Schweigen hat Zustimmungswirkung	⟺	Schweigen hat Ablehnungswirkung
Anfechtung grds. (+), da „Erklärender" nicht stärker gebunden sein soll als an ein ausdrückliches „Ja!"		Anfechtbarkeit (-); würde keinen Sinn machen, da Anfechtung keine Zustimmung / Annahme bewirken würde!

→ **Problematisch:** Vorliegen eines Anfechtungsgrundes i.S.d. §§ 119 ff.?

- Irrtum über Rechtsfolge des Schweigens: unbeachtlicher Rechtsfolgeirrtum, mangels Anfechtungsgrund Anfechtung (-)
- Irrtum über Inhalt des durch Schweigen zustande gekommenen Rechtsgeschäfts: § 119 I Alt. 1, § 119 II möglich!

Welche Wirkungen hat ein kaufmännisches Bestätigungsschreiben (KBS)?

Wirkungen des KBS

↳ BGB-AT I, Rn. 145

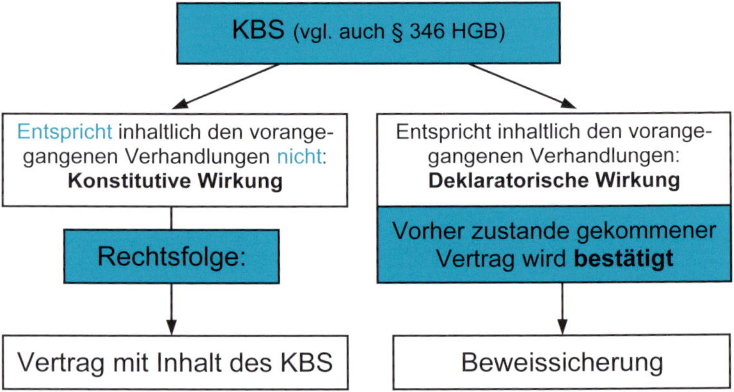

Welche Voraussetzungen gelten für ein KBS?

↳ BGB-AT I: Karteikarte Nr. 38 ; HandelsR, Rn. 239 ff.

KBS: Voraussetzungen

Persönlicher Anwendungsbereich:

- **redlicher** (nicht argl.) Absender = Kaufmann bzw. nimmt wie Kaufmann am Geschäftsleben teil; a.A.: Privatmann genügt (str.)!
- Empfänger = Kaufmann bzw. nimmt wie Kaufmann am Geschäftsleben teil (h.M.)

Sachlicher Anwendungsbereich:

- vorangegangene Vertragsverhandlungen, die **aus der Sicht** des Abs. zu Vertragsschluss geführt haben (ansonsten Auftragsbestätigung!) (tats. Vertrags*schluss* nicht nötig! KBS konstitutiv)
- KBS eindeutig und unmittelbar im Anschluss an Verhandlungen
- KBS nimmt auf Verhandlungen Bezug und weicht hiervon nicht so schwerwiegend ab, dass mit Genehmigung nicht gerechnet werden könnte
- Empfänger widerspricht nicht unverzüglich (§ 121 I S.1), also schweigt.

Worin besteht der Unterschied zwischen § 130 II BGB und § 153 BGB?

Tod des Erklärenden

↳ BGB-AT I: Karteikarte Nr. 41

§ 130 II ⟷ **§ 153**

§ 130 II

WE wird trotz Ablebens des Erklärenden nach der Abgabe mit Zugang wirksam

↓

Regelt **Wirksamwerden** trotz Tod des Erklärenden

§ 153

Angebot durch eine Vertragspartei bleibt auch nach deren Versterben annahmefähig

↓

Regelt **Wirksambleiben / Nichterlöschen** des Angebots trotz Tod des Antragenden

Wie sind empfangsbedürftige WE'en grundsätzlich auszulegen?

Auslegung empfbed. WE'en

↳ BGB-AT I: Karteikarte Nr. 42

Auslegung empfangsbedürftiger WE'en:

↳ **§ 133:** wirklicher Wille des Erkl. zu ermitteln

+

↳ **§ 157:** Verkehrs-/Vertrauensschutz: Verständnis des Empfängers

Auslegung gem. **§§ 133, 157** danach, wie obj. Dritter die Erklärung verstehen durfte und musste (Vertrauensschutz!) Sog. **normative** Auslegung nach obj. Empfängerhorizont

Was ist bei der Auslegung nicht empfangsbedürftiger WE’en zu beachten?

Auslegung nicht empfbed. WE'en

↳ BGB-AT I: Karteikarte Nr. 42

Nicht empfangsbedürftige WE

⇩

Bei Auslegung spielt Gedanke des Vertrauensschutzes des Erklärungsempfängers gem. § 157 keine Rolle! (z.B. Testament)

⇩

Auslegung erfolgt *nur* nach § 133! Je nach Art der Erklärung und der bestehenden Interessenslage hat die Auslegung auf den wahren Willen des Erklärenden abzustellen (natürliche Auslegung) oder die objektive Erklärungsbedeutung seines Willens zu ermitteln (normative Auslegung)

Was ist mit „falsa demonstratio non nocet“ gemeint?

↳ BGB-AT I: Karteikarte Nr. 43

falsa demonstratio…: beiderseitige einheitliche Falschbezeichnung des Vertragsgegenstandes, wobei beide subjektiv dasselbe meinen

↓

…non nocet: Zustandekommen des Vertrages mit dem subjektiv Gewollten („natürliche" Auslegung)

Ist die „falsa demonstratio“-Regel auch bei Formbedürftigkeit/ Erforderlichkeit behördlicher Genehmigung anwendbar?

falsa demonstratio und Form

↳ BGB-AT I, Rn. 177

Formbedürftigkeit

Bsp.: *V verkauft B in notarieller Form Parzelle 151, wobei beide in Wirklichkeit über Parzelle 155 abschließen wollten*

Wenn objektiv Erklärtes der Form genügt, ist Warnfunktion der Formbedürftigkeit *(§ 311b I)* gewahrt → **falsa demonstratio Regel auch bei formbedürft. Rechtsgeschäften**

↳ Kaufvertrag über Parzelle 155

Behördl. Genehmigung

Bsp.: *wie links, aber Grundstückskaufvertrag bedarf der behördlichen Genehmigung, § 2 GrdstVG*

Erteilte Genehmigung kann sich nur auf in der Urkunde zum Ausdruck gekommenen Willen beziehen

↳ KV (+), aber Genehmigung nur über Parzelle 151

⇨ falsa demonstratio Regel (-), wenn Dritte beteiligt, die das Gewollte nicht erkennen können

Was ist ein Dissens?
Wann kommt ein Dissens nur in Betracht?

Dissens

↳ BGB-AT I, Rn. 152ff.

Dissens

= WE'en stimmen nicht / nur teilweise inhaltlich überein

Offener Dissens, § 154

= Parteien ist der Einigungsmangel bewusst

Versteckter Dissens, § 155

Auslegung vor Dissens: Dissens kommt nur in Betracht, wenn durch Auslegung keine Übereinstimmung der WE'en zu ermitteln ist (Dissens **selten** in der Klausur! nicht vorschnell annehmen!)

Schildern Sie die Rechtsfolge des Dissens!

Dissens

↳ BGB-AT I, Rn. 156f.

§§ 154, 155 regeln nur den Dissens bzgl. sog. accidentialia negotii, also von Nebenpunkten; ein Dissens bzgl. der essentialia negotii hat **immer** das **Scheitern** des Vertrages zur Folge!

⇕

Bei Dissens bzgl. accidentialia negotii ist zu differenzieren:

Offener Dissens, § 154	Versteckter Dissens, § 155
Im Zweifel Vertrag **nicht wirksam** geschlossen	Im Zweifel Vertrag **wirksam geschlossen**, soweit Einigung reicht

Bestehen Haftungsansprüche, wenn ein Dissens von einer / beiden Parteien schuldhaft verursacht wurde und deshalb der Vertrag unwirksam ist?

Verschuldeter Dissens

↳ BGB-AT I: Karteikarte Nr. 44

Einseitiges Verschulden

Partei, die schuldhaft den Dissens verursacht, haftet der anderen auf **Schadensersatz aus § 311 II i.V.m. § 280 I** (neg. Interesse)

Beiderseitiges Verschulden

(str.)

e.A.

Haftung wie bei einseitigem Verschulden **+ § 254**

a.A.

***Keine* Haftung** auf SE, da Dissens jeder Partei gleichermaßen zuzurechnen ist; jede Partei muss ihre WE so gegen sich gelten lassen, wie sie nach §§ 133, 157 zu verstehen ist!!

Was versteht man unter Geschäftsfähigkeit?
Wann liegt Geschäftsunfähigkeit vor?

↳ BGB-AT I, Rn.110 ff.

Geschäftsfähigkeit = Fähigkeit, durch Willenserklärungen Rechtsfolgen herbeizuführen

Ausnahme: **Geschäftsunfähigkeit**

§ 104 Nr.1: Personen, die das 7. Lebensjahr nicht vollendet haben

§ 104 Nr.2: Personen, die an dauernder krankhafter Störung der Geistestätigkeit leiden

Rechtsfolge § 105 I: Willenserklärungen **nichtig**

Erläutern Sie, was mit partieller und relativer Geschäftsunfähigkeit gemeint ist! Sind beide Formen anerkannt?

Partielle / relative Geschäftsunfähigkeit

↳ BGB-AT I: Karteikarte Nr. 45

Partielle Geschäftsunfähigkeit:
Teilnahme am Rechtsverkehr nur für *bestimmten Kreis* von Geschäften ausgeschlossen, auf den sich krankhafte Geistesstörung bezieht

z.B. Querulantenwahn (keine Prozessfähigkeit, § 52 ZPO) krankh. Eifersucht in Fragen d. Ehe

Relative Geschäftsunfähigkeit:
Beschränkung der Geschäftsfähigkeit: Geschäftsfähigkeit (-) bei *besonders schwierigen* Geschäften

Von **h.M.** aus Gründen der Rechtssicherheit (schwer abzugrenzen!) **abgelehnt**

Was gilt für die Abgabe/ den Zugang einer WE in Fällen des § 105 II BGB?

§ 105 II BGB

↳ BGB-AT I: Karteikarte Nr. 47

Abgabe	Zugang
Abgabe im Zustand des § 105 II seitens des Erklärenden **unwirksam**, wirksame WE (-)	Zugang der WE, wenn Empfänger sich im Zustand des § 105 II befindet? Bei Geschäftsunfähigen gilt § 131; jedoch § 105 II **kein** Fall der Geschäftsunfähigkeit, § 104 abschließend **Daher:** Zugang (+), als ob Zustand des § 105 II nicht bestünde!

Welche Bedeutung hat ein „lichter Moment" für die Geschäftsfähigkeit eines Geisteskranken i.S.d. § 104 Nr. 2 BGB?

Lichter Moment, § 104 Nr. 2 BGB

↳ BGB-AT I, Rn. 113 ; Basics Zivilrecht – Band I, Rn. 17

In einem „lichten Moment“ (lucidum intervallum) besteht Geschäftsfähigkeit; die abgegebene Willenserklärung eines „Geisteskranken“ i.S.v. Nr. 2 ist **wirksam**

Begründung: Wortlaut d. § 104 II stellt auf „freie Willensbildung ausschließenden *Zustand*“ ab: Zustand kann unterbrochen sein!

Wann liegt beschränkte Geschäftsfähigkeit vor und welche Rechtsfolge hat sie grundsätzlich?

↳ BGB-AT I: Karteikarte Nr. 48

Beschränkt geschäftsfähig:

- §§ 106, 2: Minderjährige, die das 7., aber noch nicht das 18. Lebensjahr vollendet haben
- Personen, die gem. § 1903 für die dort genannten Geschäfte unter Betreuung mit Einwilligungsvorbehalt gestellt sind, werden ebenso behandelt

§ 107: nur *lediglich rechtlich vorteilhafte* WE'en können ohne Zustimmung des gesetzl. Vertreters wirks. vorgenommen werden; anderenfalls schwebende Unwirksamkeit, § 108 (Ausnahme: § 111)

Welche Folge hat es, wenn Betreuter (ohne Einwilligungsvorbehalt gem. § 1825 BGB) und Betreuer (im Namen des Betreuten) sich widersprechende Rechtsgeschäfte abschließen?

↳ BGB-AT II, Rn.19 ff.

Betreuung **ohne** Einwilligungsvorbehalt: Willenserklärungen des Betreuten sind **wirksam**, sofern kein Fall d. § 104 Nr. 2!

Sich widersprechende **Verpflichtungs**geschäfte	Sich widersprechende **Verfügungs**geschäfte
↓	↓
Beide wirksam! z.B. Betreuer und Betreuter verkaufen die gleiche Sache an verschiedene Käufer → Erfüllung nur ggü. einem → SE-Pflicht ggü. dem anderen (§§ 283, 280 I, III, 275 I)	Es gilt Prioritätsprinzip des Sachenrechts: nur die *frühere* Verfügung ist wirksam! Bei späterer Verfügung allenfalls gutgl. Erwerb möglich.

Ist ein Rechtsgeschäft wirksam, das der Betreute bei Betreuung unter Einwilligungsvorbehalt im Zustand der Geschäftsunfähigkeit gem. § 104 Nr. 2 BGB abschließt, wenn der Betreuer die erforderliche Zustimmung erteilt?

! Betreuung und § 104 Nr. 2 BGB

↳ BGB-AT I: Karteikarte Nr. 68

§ 104 Nr. 2 wird **nicht** von § 1825 I S.1 überwunden. Ist die Erklärung des Geschäftsunfähigen gem. § 105 I nichtig, kann daran auch die Zustimmung des Betreuers nichts ändern

Problem: Mitwirkung des Betreuers kann beim Vertragspartner Vertrauen auf Wirksamkeit des gem. §§ 104 Nr.2, 105 I nichtigen Vertrages wecken ⇨ Lit.: „Täuschung des Rechtsverkehrs" durch Gesetzgeber!

! Umdeutung, § 140 der Einwilligung in Selbstvornahme des Betreuers (Vertretung des Betreuten, § 1823 BGB) (-), da ein „mehr" gegenüber bloßer Einwilligung !

Was ist die Rechtsfolge, wenn ein Minderjähriger eine rechtlich nachteilige WE abgibt?

Rechtlich nachteilige WE

↳ BGB-AT I: Karteikarte Nr. 48

Mehrseitige Rechtsgeschäfte

WE bedarf der Zustimmung (Einwilligung / Genehmigung) des / der gesetzl. Vertreter(s)

Ohne Einwilligung abgegeben

↓

Schwebend unwirks., § 108 I

Zustimmung verweigert

↓

Endgültige Unwirksamkeit der WE

Einseitige Rechtsgeschäfte

WE bedarf der vorherigen Zustimmung (Einwilligung) des / der gesetzl. Vertreter(s)

Ohne Einwilligung abgegeben (keine nachträgl. Genehmigung mgl.!)

↓

Endgültige Unwirksamkeit der WE, § 111 (Ausnahme vgl. nächste KK)

Nennen Sie Ausnahmen vom Grundsatz des § 111 BGB bei rechtlich nachteilhaften einseitigen Rechtsgeschäften!

Ausnahmen von § 111 BGB

↳ BGB-AT I: Karteikarte Nr. 50

Grundsatz § 111: WE unwirksam ohne Einwilligung des ges. Vertreters

Ausnahmen:

WE nach 108, 109 genehmigungsfähig, wenn Geschäftsgegner mit Vornahme des Rechtsgeschäfts ohne vorherige Einwilligung einverstanden ist: § 180 S.2 Alt. 2 analog (Schutzwürdigkeitserwägung)

Wenn Einwilligung nur gegenüber beschränkt Geschäftsfähigem erklärt wurde ⇨ WE dennoch unwirksam, wenn Zurückweisung, § 111 S.2, S.3 (**Beachten:** Zurückweisung analog § 109 I S.2 auch gegenüber *Minderjährigem* möglich)

Wann ist kein lediglich rechtlicher Vorteil i.S.d. § 107 BGB für den Minderjährigen gegeben?

§ 107 BGB: rechtlicher Nachteil

↳ Basics Zivilrecht – Band I, Rn. 21 ff.

Kein lediglich rechtlicher Vorteil i.S.d. § 107:

- Aufhebung/ Minderung persönlicher **Rechte**
- Begründung persönlicher **Pflichten**

Beachte:

- Unmittelbarkeit des rechtlichen Nachteils erforderlich
- neutrale Rechtsgeschäfte nicht rechtl. nachteilig (vgl. KK Nr. 62)
- Keine wirtschaftliche, nur rechtliche Betrachtung (z.B. Kauf weit unter Marktwert: *wirtschaftl.* günstig, aber *rechtl.* wg. Zahlungspflicht gem. § 433 II nachteilig!)

Kann der Minderjährige ohne Zustimmung des gesetzlichen Vertreters wirksam ein vermietetes/ mit Reallast bzw. hypothekarisch belastetes Grundstück (dinglich) erwerben, § 107 BGB?

§ 107 BGB: Beispiele

↳ BGB-AT I, Rn.121 f.

Lediglich rechtlich vorteilhaft i.S.d. § 107?

(-) Vermietetes Grundstück:

§ 566: Eintritt in Rechte **und Pflichten** des Mietvertrages (persönliche Haftung droht)

(+) Hypothekarische Belastung

§§ 1113, 1147: eventuelle Befriedigung **nur aus** Grundstück, nicht aus Privatvermögen d. Minderjährigen

(-) Reallast

§ 1108 I: **persönliche Haftung** des Grundstückseigentümers!

Wohnungseig.

BGH: Nachteil wg. Verpflichtungen aus dem WEG

Können Eltern ihrem minderjährigen Kind als dessen Vertreter wirksam vermietetes Grundstück schenken und übereignen?

Gesamtbetrachtungslehre

↳ BGB-AT I: Karteikarte Nr. 52

Eltern wollen Kind etwas schenken; treten dabei **selbst**, andererseits aber **als Vertreter** des Kindes auf, § 1629 I BGB: Schenkungsvertrag rechtlich vorteilhaft, daher wirksam (**teleologische Reduktion** des § 181 (§§ 1629 II, 1795 II); dingliche Erfüllung wäre dann wirksam, weil Erfüllung der Verbindlichkeit aus dem Schenkungsvertrag, § 181 a.E.

Problem: Erfüllung kann auch rechtlich nachteilig sein, z.B.: Schenkung eines vermieteten Grundstücks (KK Nr. 60):
Gefahr der **Umgehung des Minderjährigenschutzes**!

H.M.: teleolog. Reduktion des § 181, wenn Erfüllung zu Nachteil führt	Frühere Gesamtbetrachtungslehre vom BGH aufgegeben (vgl. BGH, Life&LAW 2011, 135 ff.) Schenkung war nach BGH wg. rechtl. Nachteil bei Übereignung eines vermieteten Grundstücks (§ 566!) nachteilhaft! Ergänzungspfleger erforderlich

Sind rechtlich neutrale Geschäfte Minderjähriger ohne Zustimmung des gesetzlichen Vertreters wirksam?

Rechtlich neutrales Geschäft

↳ BGB-AT I: Karteikarte Nr. 53 ; Basics Zivilrecht – Band I, Rn. 23

Grundsätzlich (+), teleologische Auslegung von § 107; z.B. Vertretergeschäft, da rechtliche Folgen *nur* den Vertretenen treffen, vgl. §§ 165, 179 III S.2

(str.) bei unberechtigter **Übereignung** fremder Sachen

h.M.: Übereignung wirksam (z.B. §§ 932 ff.), da für Mj. Rechtl. neutral: *Dritter* verliert Recht, nicht *Mj.*! (erst-Recht-Schluss aus § 165)

a.A.: WE zwar wirksam**:** teleologische Reduktion der Gutglaubensvorschriften: *Wäre* Mj. Eigentümer (wie Erwerber vermutet), *würde* Erwerb an § 107 scheitern!

Kann durch Leistung an einen Minderjährigen ohne Zustimmung des gesetzlichen Vertreters wirksam erfüllt werden i.S.d. § 362 I BGB?

↳ BGB-AT I: Karteikarte Nr. 55 ; Basics Zivilrecht – Band I, Rn. 30

Annahme der Leistung, z.B. Übereignung ⇨ rechtlicher Vorteil

⇕

Erfüllung ⇨ **Erlöschen** der Forderung, § 362 I ⇨ **rechtlicher Nachteil**

Vertragstheorie:
Erfüllung setzt Erfüllungsvertrag voraus: § 107 (direkt); keine Erfüllung ohne gesetzl. Vertreter möglich

h.M.: Theorie der realen Leistungsbewirkung: Erfüllung = Realakt, ↳ **§ 107 analog** (da kein Rechtsgeschäft): Minderjährigem fehlt die Empfangszuständigkeit für die Annahme der geschuldeten Leistung

D.h.: *Bewirken* der Leistung ist möglich, *Erfüllung* aber nicht! Gleiches gilt bei Betreuung mit Einwilligungsvorbehalt, Life&LAW 2015, 633 ff.

Wonach kann der Schuldner Rückgabe des Leistungsgegenstandes verlangen, wenn die Erfüllung wegen der Minderjährigkeit des Gläubigers gescheitert ist (vgl. KK Nr. 63)?

Erfüllung gegenüber Mj.

BGB-AT I: Karteikarte Nr. 56

Rückgabeanspruch des Schuldners

e.A.: § 812 I S.2 Alt. 2

Schu. leistet in der Erwartung, die Eltern werden Erfüllung genehmigen; dies sei über die Erfüllung hinausgehender Zweck, daher Zweckkondiktion (+)

h.M.: § 812 I S.1 Alt. 1

Schu. will erfüllen, dies scheitert; damit Vorteil durch Mj. subjektiv rechtsgrundlos erlangt, Fall der condictio indebiti.
(Mj. hat keinen Rechtsgrund, den Leistungsgegenstand bei Nichterfüllung zu behalten!)

Nennen Sie verschiedene Formen der Einwilligung des gesetzlichen Vertreters für Rechtsgeschäfte des Minderjährigen!

Formen der Einwilligung

↳ BGB-AT II, Rn.35 ff.

Einwilligung § 183 = *vorherige* Zustimmung (Erteilung: § 182 I), nötig bei § 107

Spezialeinwilligung in Vornahme eines ganz bestimmten Rechtsgeschäfts (aber nicht in wiederholte Vornahme ähnlicher Geschäfte!)

Generaleinwilligung in bestimmte Art oder abgrenzbaren Bereich von Rechtsgeschäften (aber nicht unbeschränkt, sonst unzulässig, da Gefahr der Umgehung des Minderjährigenschutzes)

§ 110 = (konkludente) Einwilligung. Wirksamkeit des RG abhängig von Bewirkung der Leistung durch Minderjährigen (vgl. zu Ratenkauf KK 68)

Was ist die Rechtsfolge der Erteilung einer erforderlichen Genehmigung für Rechtsgeschäfte des beschränkt Geschäftsfähigen?
Wer kann sie erteilen?

↳ BGB-AT I: Karteikarten Nr. 62 ff.

Genehmigung § 184 = *nachträgliche* Zustimmung, nötig bei §§ 107, 108 I, II

Erteilbar durch gesetzlichen Vertreter, § 108; i.d.R Eltern, gem. §§ 1626, 1629 (Ausnahme: §§ 1629 II, 1824); evtl. hierzu **Zustimmung des FamG** erforderlich, §§ 1643, 1850 ff.

Erteilbar durch ehemals Minderjährigen nach Volljährigkeit, § 108 III (wenn vorher noch keine Verweigerung durch Eltern; auch konkludent)

Rechtsfolge: bis dahin schwebend unwirksamer Vertrag wird rückwirkend (ex tunc) endgültig wirksam, § 184 I!

Wann lebt die schwebende Unwirksamkeit gem. § 108 I BGB wieder auf?

§ 108 II 1 HS. 2 BGB

↳ BGB-AT I: Karteikarte Nr. 62

Wiederaufleben gem. § 108 II S.1 HS.2 durch Aufforderung des Vertragspartners bei einer ggü. Minderjährigem erteilten/verweigerten:

- Genehmigung
- Einwilligung: § 108 II S.1 analog? (str.)
  - e.A. Analogie **(-)**, da keine planwidrige Regelungslücke und Wortlaut d. § 108 II
  - a.A. Analogie **(+)** Interesse des Vertragspartners an „geklärten Verhältnissen“

Nennen Sie die Voraussetzungen des § 110 BGB!

§ 110 BGB: Voraussetzungen

↳ BGB-AT I: Karteikarte Nr. 58 ; Basics Zivilrecht – Band I, Rn. 24 f.

zur

Mittel

- zweckgebunden oder zur freien Verfügung überlassen (nicht nur „Taschengeld", auch Lohn aus Arbeit o.ä.)

↳ konkludente Einwilligung (Spezialregel zu § 107)

- vom gesetzlichen Vertreter (Eltern) oder mit dessen Zustimmung v. einem Dritten

Bewirkung

der vertragsgemäßen Leistung ⇨ bei vollständiger Erfüllung („hat") durch den Minderjährigen

z.B. bei Ratenkäufen erst mit der letzten Rate

↳ Regelung soll verhindern, dass Minderjähriger zunächst Schuldner wird und so sein Vermögen in Gefahr bringt

Erfasst die konkludente Einwilligung i.S.d. § 110 BGB auch Geschäfte über das Surrogat?

§ 110 BGB: Surrogatgeschäfte

↬ BGB-AT I: Karteikarte Nr. 60 ; Basics Zivilrecht – Band I, Rn. 26

Im Wege der **Auslegung** zu ermitteln, ob Surrogatgeschäft (= Geschäft über die aus dem nach § 110 wirksamen Geschäft erlangte Leistung) noch von der Einwilligung gedeckt ist

i.d.R. (+), wenn Geschäft von vornherein mit Mitteln aus dem „Taschengeld" hätte bewirkt werden können

z.B. Tausch einer gekauften CD gegen andere

i.d.R. (-), wenn Geschäft nicht mit Mitteln aus dem „Taschengeld" hätte bewirkt werden können

z.B. Kauf eines Porsches aus einem Losgewinn; Los mit Taschengeld gekauft

Was versteht man unter „partieller Geschäftsfähigkeit"?

Partielle Geschäftsfähigkeit

↳ BGB-AT II, Rn. 41 ff.

Partielle Geschäftsfähigkeit:

Erweiterung der an sich beschränkten Geschäftsfähigkeit (§ 106) zur vollen Geschäftsfähigkeit für bestimmte Bereiche:

→ **§ 112: selbständige Führung eines Erwerbsgeschäftes**
Evtl. Genehmigung des BetreuG erforderl. gem. §§ 1643 I, 1852 Nr. 1,2

→ **§ 113: Eingehung eines Dienst- oder Arbeitsverhältnisses**
nicht *Ausbildungs*verhältnis, da nicht Erwerbszweck im Vordergrund steht (h.M.), vgl. § 1 II BBiG

Kann der minderjährige Gesellschafter einer OHG wirksam für die OHG als organschaftlicher Vertreter handeln?

! § 112 BGB bei OHG

↳ BGB-AT I: Karteikarte Nr. 61

Bei OHG Einzelvertretungsmacht, vgl. § 125 I HGB. Minderjähriger kann gem. § 165 generell wirksam als Vertreter handeln (vgl. KK Nr. 62)

⇩

Bei OHG verpflichtet Minderjähriger zwar nur die Gesellschaft, haftet wegen § 128 HGB aber persönlich!!

⇩

Verpflichtung *rechtlich nachteilig* → **Ermächtigung gem. § 112 (analog) erforderlich**, da Teilnahme an OHG = selbständiger Betrieb eines Erwerbsgeschäfts (nur problematisch, wenn Ermächtigung nach § 112 analog nicht ohnehin schon vorliegt, z.B.: Mj. ist kraft **Erbfolge** OHG-Gesellschafter geworden!)

Welche Rechtsgeschäfte umfasst die Ermächtigung i.S.d. § 113 BGB? Welche prozessuale Bedeutung hat dies?

! Umfang der Ermächtigung, § 113 BGB

↳ BGB AT I, Rn.127

Aufgrund der Ermächtigung kann der Minderjährige diejenigen Rechtsgeschäfte wirksam vornehmen, die mit dem fraglichen Dienst- / Arbeitsverhältnis **eng zusammenhängen**
Gesamtheit der mit Eingehung zusammenhängenden WE setzt Fähigkeit zu selbstständigem rechtsgeschäftlichem Handeln voraus

z.B.

- Gewerkschaftsbeitritt
- Anmieten eines Zimmers am Arbeitsort wegen zu großer Entfernung zum Wohnort der Eltern
- aber **nicht** z.B. Wohnungskauf (kein enger Zusammenhang!)
- **nicht** Ausbildungsverhältnis, da Ausbildungszweck im Vordergrund und nicht Erwerbszweck

Insoweit ist Minderjähriger auch prozessfähig, § 52 ZPO

Welche Einschränkungen bestehen für die gesetzliche Vertretungsmacht der Eltern? Welche Rechtsfolgen ergeben sich aus einer Überschreitung der Vertretungsmacht?

Gesetzl. Vertretungsmacht der Eltern

↳ BGB AT II, Rn. 51

Gesetzlicher Vertreter grundsätzlich : Eltern gem. §§ 1626, 1629 I Gesamtvertreter!

⇔

Einschränkungen gem.:

- §§ 1643, 1850 ff.; zusätzlich (!) Genehmigung des Betreuungsgerichts erforderlich; wenn (-): §§ 1644 III S.1, 1856 bzw. § 1644 III S.2
- §§ 1629 II, 1824 I bzw. II i.V.m. § 181

Im Fall des § 1629 II, 1824 BGB

Haftung als falsus procurator, §§ 179, 177

§ 179 (-) bei fehlender familiengerichtlicher Genehmigung, da §§ 1850 ff. Spezialregelungen (aber evtl. Haftung aus § 311 II, **III** !)

Nennen Sie verschiedene Funktionen des Formzwanges und Beispiele!

Funktionen des Formzwangs

↳ BGB AT I, Rn.159

- **Warnfunktion:** Schutz vor übereilten Verpflichtungen („Übereilungsschutz“) — ↳ z.B. §§ 766; 518
- **Beweisfunktion:** leichtere Beweisbarkeit von Abschluss und Inhalt des Rechtsgeschäfts — ↳ z.B. § 550
- **Belehrungsfunktion:** Belehrung der Parteien über Folgen der abzuschließenden Rechtsgeschäfte (insbes. durch Notar) — ↳ z.B. § 2276
- **Kontrollfunktion:** behördl. Kontrolle der vorgenommenen Rechtsgeschäfte — ↳ z.B. § 31 II GWB

↳ *Je nach Normzweck der Vorschrift; manchmal mehrere Funktionen gleichzeitig, z.B.* ***§ 311b I S.1***

Bedarf auch ein Vorvertrag der Form des Hauptvertrages, wenn die Formvorschrift

- Warnfunktion
- Beweisfunktion hat?

Formbedürftigkeit des Vorvertrages

↳ BGB AT I, Rn. 160

Gilt Formvorschrift des Hauptvertrages auch für **Vorvertrag**?

Warnfunktion:
auch Vorvertrag (*z.B. über Grundstückskauf, § 311b I*) formbedürftig, da er einklagbaren Anspruch auf Abschluss des Hauptvertrages verschafft; sonst Umgehung des Übereilungsschutzes

Beweisfunktion:
Vorvertrag nicht formbedürftig, da Beweis auch mit dem formgültigen Hauptvertrag erbracht werden kann, *z.B. bei längerfristigen Mietverträgen*, § 550

Nennen Sie die wichtigsten Arten des Formzwangs!

Arten des Formzwangs

↳ BGB-AT I: Karteikarten Nr. 70, 73 f.

Wichtigste Arten des Formzwangs im BGB (ansteigend nach Anforderungen)

§ 126b Textform:	§ 126 Schriftform:	§ 126a elektronische Form:	§ 129 öffentliche Beglaubigung:	§ 128 notarielle Beurkundung:
Eigenhändige Unterschrift entbehrlich	eigenhändige Unterschrift unter schriftlich fixierten Text	elektronisches Textdokument mit qualifizierter elektronischer Signatur	der Echtheit der Unterschrift, nicht des Inhalts! durch Unterschrift des Notars	von Antrag und Annahme; durch Notar, beachte §§ 8 ff. BeurkG (§ 127a im Prozess)

Ist auch die Nebenabrede eines Grundstückskaufvertrags, in der zusätzlich bestimmte Mieterträge zugesichert werden, formbedürftig?

Umfang des Formzwangs

↳ BGB-AT I: Karteikarte Nr. 77

Grundsatz: Gesetzl. Formzwang erstreckt sich auf Rechtsgeschäft mit allen (auch Neben-)Abreden, aus denen sich nach Parteiwillen der Vertragsinhalt zusammensetzen soll

↓

Auch Nebenabrede über Beschaffenheitsgarantie im Kauf formbedürftig! (Achtung: Vorher RBW prüfen! L/L 16, 147 ff.)
Ohne Form: Abrede nichtig gem. §§ 311b I S.1, 125 S.1

Beachte: wenn Abrede *wesentlich* (= anzunehmen, dass Parteien Vertrag nicht ohne sie geschlossen hätten)
⇨ **§ 139**: *gesamter* Kaufvertrag nichtig

Aber: Heilung des Vertrages möglich, **§ 311b I S.2** gilt auch für nichtige Nebenabrede „Erst-Recht-Schluss"

Wann bedarf die Vollmachtserteilung zum Abschluss eines formbedürftigen Rechtsgeschäftes der Form dieses Rechtsgeschäfts?

! Formbedürftigkeit der Bevollmächtigung

↳ BGB-AT II: Karteikarte Nr. 130

Grundsatz	Ausnahme
§ 167 II: Bevollmächtigung bedarf nicht der Form des Rechtsgeschäfts, auf das sich die Vollmacht bezieht	Bevollmächtigung bedarf der Form des fragl. Rechtsgeschäfts, teleolog. Reduktion von § 167 II:
z.B.: Vollmacht zum Abschluss eines Grundstückskaufvertrages formlos erteilbar, § 311b I S.1 gilt nicht für die Vollmacht!	Dann, wenn Vertretener rechtl. und tats. in gleicher Weise gebunden wird wie bei Vornahme des Rechtsgeschäfts selbst
	(+), wenn Vollmacht **unwiderruflich** ist, v.a.: wenn vorzunehmendes Rechtsgeschäft den *Vertreter* begünstigt! **Weitere Ausnahmen:** Bei gesetzlicher Bestimmung, z.B. § 492 IV BGB; BGH: Bürgschaft

Was genau setzt die gesetzliche Schriftform nach § 126 BGB voraus?

Voraussetzungen des § 126

- **eigenhändige** Unterschrift auf derselben Urkunde wie Text
  ⇨ auch durch **Vertreter** (h.M.: sogar ohne Vertretungszusatz) möglich!
- Text durch Unterschrift **räumlich** abgeschlossen (Abschluss-funktion)
  bei **Nachträgen** wird neue Unterschrift erforderlich
- **Blankounterschrift** möglich
- **Einheitlichkeit** der Urkunde: Zusammengehörigkeit einer mehrteiligen Urkunde muss deutlich werden
- bei Verträgen grds. Unterzeichnung beider Parteien auf derselben Urkunde, § 126 II S.1

Nennen Sie Anwendungsbereich und Voraussetzungen der elektronischen Form, § 126a BGB!

Nicht gesetzl. vorgeschrieben, sondern gem. § 126 III („kann") ersatzweise wählbar, solange nicht gesetzlich ausgeschlossen:
(i.d.R. dann, wenn *Warnfunktion* der traditionellen Schriftform nicht ersetzbar, s. §§ 623 2.HS, 630 S.3, 761 S.2, 766 S.2, 780 S.2, u.a.).
Auch durch Rechtsgeschäft vereinbar, § 127 I (Beachte: 127 III!)

Voraussetzungen:

- Aussteller muss Erklärung seinen Namen hinzufügen
- Elektronisches Dokument
- mit qualifizierter (**!** Erleichterung in § 127 III) elektronischer Signatur verbunden (⇨ s. Signaturgesetz)
- Bei Vertrag: 126a II: jeweils gleichlautendes Dokument muß von **beiden** Parteien qualifiziert elektronisch signiert werden (**!** Eines der Dokumente kann aber auch traditionell gem. § 126 I von Hand signiert werden, z.B. bei technischen Schwierigkeiten)

Nennen Sie die Voraussetzungen der Textform, § 126b BGB?
Ersetzt sie die Schriftform, § 126 BGB?

§ 126b ist **kein** Ersatz der Schriftform, § 126, sondern eine Erleichterung. I.d.R. gesetzlich zugelassen, wenn statt Warn- / Beweisfunktion, die Informations- / Dokumentationsfunktion im Vordergrund steht, z.B. § 556b II S.1. Beachte: § 127 I

Voraussetzungen:

- Erklärung in Urkunde / auf eine zur dauerhaften Wiedergabe in Schriftzeichen geeigneten Weise
- Benennung des Erklärenden
- Erkennbarer Abschluss der Erklärung

Nennen Sie die Voraussetzungen, unter denen ein Rechtsgeschäft gegen eine gesetzliche Formvorschrift verstößt! Rechtsfolge?

! Formverstoß und Rechtsfolge **BGB-AT I 82**

↳ BGB-AT I: Karteikarte Nr. 72

Formverstoß, wenn…

1. …bestimmte Form für das fragliche Rechtsgeschäft **vorgeschrieben** ist
2. …Parteien bei Abschluss des Rechtsgeschäfts die Einhaltung der Form **versäumt** haben
3. …Formmangel **nicht** geheilt (z.B. § 311b I S.2), Formvorschrift nicht aufgehoben, Berufung darauf nicht wegen § 242 versagt ist

Rechtsfolge: Nichtigkeit, § 125 S.1 (Ausn. § 550 S.1)

Ist die formlose Änderung eines Vertrages wirksam, wenn die Parteien vereinbart haben, dass jede Vertragsänderung der Schriftform bedürfe?

↳ BGB-AT I: Karteikarte Nr. 75

Nichtigkeit des Änderungsvertrages nach § 125 S.2?

- zunächst Auslegung der Formvereinbarung, ob Rechtsfolge des Verstoßes Nichtigkeit sein soll (**konstitutive** Schriftformklausel) oder Form nur Beweiszwecken etc. dient (**deklaratorische** Schriftformklausel). Nur im ersten Fall § 125 S.2 anwendbar!
- § 125 S.2 nur, wenn Formerfordernis nicht durch Abschluss des formlosen Änderungsvertrages konkludent aufgehoben wurde, §§ 133, 157. Dies ist möglich, da Parteien nicht für Zukunft auf Vertragsfreiheit verzichten können: auch qualifizierte Schriftformklauseln aufheb- / abänderbar!

BGH, h.L.	a.A.
Konkl. Aufhebung der Formvereinbarung mit formloser Änderung (+)	(-), da bloße Fiktion: Parteien denken oft gar nicht an Formzwang!

Ist eine mündliche Zusicherung einer Eigenschaft durch einen Stellvertreter wirksam, wenn der Vertretene die AGB-Klausel verwendet: „Mündliche Zusicherungen von Vertretern bedürfen zur Wirksamkeit der schriftlichen Bestätigung“?

Schriftformklausel in AGBen

↳ BGB-AT I: Karteikarte Nr. 76

Mündliche Zusicherung wegen AGB-Klausel unbeachtlich?
Problem: evtl. Vorrang der Individualabrede, § 305b?

⬇

Aber: kein Verstoß gegen § 305b wegen unzulässigerweise vereinbarter Schriftform, sondern zulässige Beschränkung der Vertretungsmacht ⇨ Klausel wirksam, aber bezogen auf Vertretungsmacht

⬇

Erg.: Zusicherung des Vertreters wegen fehlender Vertretungsmacht gem. § 177 I **schwebend unwirksam**
(beachten: auch Rechtsscheinsvollmachten prüfen!)

Ist ein formlos geschlossener Maklervertrag wirksam, wenn bei Nichtverkauf eines Grundstückes an einen Interessenten eine hohe Vertragsstrafe vom Auftraggeber zu entrichten ist?

↳ BGB-AT I: Karteikarte Nr. 78

Maklervertrag, § 652 grundsätzlich formfrei, da kein Vertrag über Veräußerung / Erwerb eines Grundstückes, vgl. Wortlaut des § 311b I S.1 (Ausn.: § 656a BGB)

Aber: Bei hoher Vertragsstrafe wird **unangemessener Druck** hinsichtlich der Vornahme des eigentlichen Grundstücksgeschäftes ausgeübt

⇨

Folge: **Übereilungsschutzbedürfnis** besteht auch für Maklervertrag ⇨ formloser Maklervertrag ausnahmsweise gem. §§ 311b I S.1 analog, 125 I formnichtig

Bedarf die vertragliche Aufhebung eines Grundstückskaufvertrages der Form des § 311b I S.1 BGB, wenn das Grundstück bereits an den Käufer übereignet wurde?

↳ BGB-AT I: Karteikarte Nr. 79

e.A.: In Aufhebungsvertrag wird zumindest konkludent Rückübertragungspflicht vereinbart ⇨ vertragl. Grundstücksübereignungspflicht, § 311b I S.1 **(+)**, Aufhebungsvertrag bedarf der Form des § 311b I S.1!

↕

A.A.: Wenn in Aufhebungsvertrag Rückübertragung **nicht** vereinbart, ergibt sich Rückübertragungspflicht aus dem Gesetz, § 812 I S.2 Alt. 1; für *gesetzl.* Übereignungspflicht gilt jedoch § 311b I S.1 nicht. Daher genau differenzieren, ob Rückübertragung **vereinbart** oder **gesetzl. Folge**.

Kritik: Parteien wollen doch gerade Rückabwicklung, vereinbaren *immer* zumindest konkludent die Rückübertragungspflicht!

Bedarf die vertragliche Aufhebung eines Grundstückskaufvertrages der Form des § 311b I S.1 BGB, wenn der Käufer bereits ein Anwartschaftsrecht am Grundstück erlangt hat?

Aufhebung formbed. Rechtsgeschäfte

↳ BGB-AT I: Karteikarte Nr. 79

BGH	Lit.
AWR (Vormerkung erlangt oder Auflassung und Eintragungsantrag durch Käufer) stellt wesensgleiches Minus zum Eigentum dar, daher Fall wie bei schon vollzogener Übereignung zu behandeln (KK Nr. 86)	Inhaber des AWR soll gegen Zwischenverfügungen des Vertragspartners, **nicht** aber vor sich selbst geschützt werden; zudem: er kann AWR jederzeit formlos aufheben (Aufhebung der Vormerkung, § 875; Rücknahme des Eintragungsantrags)
↓	↓
Aufhebungsvertrag **bedarf** der Form des § 311b I S.1	Aufhebungsvertrag bedarf **nicht** Form des § 311b I S.1

Wie kann ein Formmangel überwunden werden?

Überwindung des Formmangels

↳ BGB-AT I, Rn.173

Überwindung des Formmangels durch:

Heilungsvorschriften, z.B.:

§ 311b I 2: mit Auflassung und Eintragung d. Käufers
§ 518 II: mit Bewirkung der versprochenen Leistung
§ 766 S. 3: mit Erfüllung der Hauptverbindlichkeit

→ Heilung mit Wirkung für die Zukunft (ex nunc)

Korrektur über § 242:

- Arglist
- Schlechthin untragbares Ergebnis (vgl. KK Nr. 89)

Erläutern Sie die wichtigsten Fälle, in denen eine Überwindung der Formnichtigkeit nach § 242 BGB in Betracht kommt!

Formnichtigkeit und § 242 BGB

↳ BGB-AT I: Karteikarte Nr. 81

Korrektur über § 242 (nur in Ausnahmefällen!):

(-), bei bewusster Nichtbeachtung der Form („Edelmannfall"): ↳ Wer sein Geschäft bewusst nicht dem Recht unterstellt, (sondern einem „Edelmannswort") ist nicht schutzwürdig!

(+), bei arglistiger Täuschung über die Formbedürftigkeit

↳ h.M.: anderer Teil erhält Wahlrecht, ob er Vertrag als wirksam behandeln will oder nicht (Rechtsgedanke des § 123)

(+), bei versehentlicher Nichtbeachtung der Form, in krassen Ausnahmefällen, wenn Nichtigkeitsfolgen für Partei zu schlechthin untragbarem Ergebnis führen würde (z.B. wirtschaftliche Existenzgefährdung)

Wie weit reicht bei schuldhafter Verursachung der Formnichtigkeit der Haftungsumfang der c.i.c.?

Haftung bei verschuldeter Formnichtigkeit

↳ BGB-AT I: Karteikarte Nr. 82

Grundsätzlich: hat eine Partei die Formnichtigkeit schuldhaft herbeigeführt, haftet sie der anderen **aus c.i.c., §§ 311 II, 280 I BGB auf:**

Erfüllung? ⇨ (-) Kontrahierungszwang würde § 311b I S.1 aushebeln und Nichtigkeitsfolge des § 125 S.1 umgehen

positives Interesse? Rspr. (+): z.B. Käufer ist so zu stellen, dass er sich gleichwertiges Grundstück am Markt beschaffen kann

negatives Interesse? immer (+), genügt aber nicht als Sanktion für Verschulden der einen Partei

Nennen Sie die Voraussetzungen des § 134 BGB!

§ 134 BGB: Voraussetzungen

↳ BGB-AT II, Rn.105 ff.

Voraussetzungen des § 134:

(1) **Verstoß** des Rechtsgeschäfts gegen ein gesetzl. Verbot

(2) Dieses Gesetz ist **Verbotsgesetz i.S.d. § 134**
↳ KK Nr. 92

(3) Verbotsgesetz muss auch auf die zivilrechtliche Ebene **„durchschlagen“**!

(4) Beiderseitiger Verstoß, vgl. KK 94

Wann liegt ein Verbotsgesetz i.S.d. § 134 BGB vor?

↳ BGB-AT I: Karteikarte Nr. 83

Verbotsgesetz	
	Gesetze i.S.d. § 134 sind alle deutschen formellen und materiellen Rechtsnormen (vgl. Art. 2 EGBGB)
	Verbot: zivilrechtliche Wirksamkeit des Rechtsgeschäfts muss mit Sinn und Zweck des Verbotsgesetzes unvereinbar sein ⇨ Auslegung erforderlich

(-) bei:

Normen, die eigene Rechtsfolgenregelung treffen, z.B. §§ 138, 723 III, 925 II	**Normen die lediglich rechtliche Gestaltungsfreiheit** (rechtliches „Können") **einschränken**, z.B. §§ 137, 181	**Bloße Ordnungsvorschriften** z.B. GastG, Bauordnung (vgl. KK Nr. 93)

Ist der Bauvertrag über Errichtung eines Gebäudes direkt an Grundstücksgrenze gem. § 134 BGB unwirksam?

↳ BGB-AT I: Karteikarte Nr. 84; BGB-AT II, Rn. 109

Bau an Grenze unter Missachtung der Abstandsflächen

↓

Verstoß gegen ein Gesetz?

(+), Verstoß gegen (z.B. bayerische) Bauordnung

↓

Gesetz = *Verbots*gesetz?

(-), da bloße **Ordnungsvorschrift**, kein Durchschlagen auf zivilrechtliche Ebene (Bauvertrag/Architektenvertrag wirksam). Sinn und Zweck will nur verhindern, dass Sicherheitsbelange beachtet werden. Eigenständige Sanktionierungsmöglichkeiten in Bauordnung vorhanden (Nutzungsuntersagung/Abrissverfüg.)

Führt ein Verstoß gegen Inhaltsverbote immer zur Nichtigkeit gem. § 134 BGB?

↳ BGB-AT II, Rn. 110 ff.

Bei Inhaltsverboten ist zu differenzieren:

Einseitiger Verstoß

Auslegung nach Sinn und Zweck der fraglichen Norm:

- i.d.R. Vertrag wirksam, § 134 (-), da unbillig, der anderen Seite z.B. Mängelrechte zu nehmen. Außerdem ggfs. Anfechtung mögl.
- § 134 aber (+), wenn nur so Schutzzweck der Norm erreichbar, z.B.: von BGH angenommen bei Verstoß gg. RechtsberatungsG!

Beiderseitiger Verstoß

Verstoßen beide Parteien gegen Verbotsnorm, die sich auch an beide richtet, so sind sie nicht schutzwürdig

⇨ Rechtsgeschäft nichtig

Ist ein Vertrag, der gegen das SchwArbG verstößt, nichtig gem. § 134 BGB?

SchwArbG und § 134 BGB

↳ BGB-AT I: Karteikarte Nr. 86

3-fache Schutzrichtung des SchwArbG

- Bekämpfung der Arbeitslosigkeit
- Schutz der Handwerker vor Preisunterbietungen
- Minderung von Steuerausfällen

⇨ **Verbotsgesetz** i.S.d. § 134

Einseitiger Verstoß (Auftragnehmer)

Keiner der Schutzzwecke führt notwendigerweise zur Nichtigkeit ⇨ gesetzestreuem Auftraggeber sollen Erfüllungs- und Gewährleistungsansprüche belassen werden

Beiderseitiger Verstoß

⇨ **Nichtigkeit** des Vertrages; Schutz des „ordentlichen" Handwerkers

Kann der Auftragnehmer bei einem beiderseitigen Verstoß gegen das SchwArbG bereicherungsrechtlichen Ausgleich für die geleisteten Dienste verlangen?

Vergütung des Schwarzarbeiters

↳ BGB-AT I: Karteikarte Nr. 87

§ 812 I S.1 Alt. 1

Nichtigkeit gem. **§ 134**; damit Arbeitsleistung ohne Rechtsgrund erlangt

Ausschluss nach § 814?

i.d.R. (-) mangels pos. Rechtsfolgenkenntnis

§ 817 S.1

Auftraggeber hat gg. gesetzl. Verbot verstoßen (SchwArbG)

Ausschluss nach § 817 S.2?

Nach Wortlaut (+), BGH früher: **tel. Reduktion**: skrupelloser AG würde begünstigt, vorleistender AN würde unbillig benachteiligt, § 242! BGH heute: Zweck des SchwArbG verlangt Ausschluss, § 817 S.2 daher (+)

Umfasst § 134 BGB auch Umgehungsgeschäfte?

Umgehungsgeschäfte

↳ BGB-AT II, Rn.119

Umgehungsgeschäfte = Rechtsgeschäfte, die den vom Verbotsgesetz missbilligten Erfolg auf einem Weg zu erreichen versuchen, welchen die Verbotsnorm nicht erfasst

z.B. Wirt W wird Erlaubnis seine Kneipe zu betreiben wegen Trunksucht entzogen § 15 i.V.m. § 4 GastG. Verkauf an K und Vereinbarung, dass W Kneipe als Geschäftsführer weiterführt

↓

Umgehungsgeschäft würde Sinn und Zweck des Verbotsgesetzes (*hier: Trunksüchtiger soll keine Kneipe führen)* vereiteln

⇨ **Nichtigkeit** gem. § 134

Wie ist die Prüfungsreihenfolge im Verhältnis von §§ 134, 138 I, 138 II BGB?

Verhältnis §§ 134, 138 I, II BGB

↳ BGB-AT II, Rn.121

§ 134

Verstoß gegen Verbotsgesetz?
am speziellsten

(-) ⇨

§ 138 II

Wucher ?
Spezialtatbestand des § 138

(-) ⇨

§ 138 I

Verstoß gegen die guten Sitten?

Wie ist das Verhältnis des § 138 BGB zu § 123 BGB und zu § 826 BGB?

! Verhältnis § 138 BGB / §§ 123, 826 BGB

↳ BGB-AT I: Karteikarte Nr. 92 ; Basics Zivilrecht – Band I, Rn. 84

§ 138 / § 826

- beiderseitiger Sittenverstoß oder fehlender Vorsatz: **nur** § 138 anwendbar
  (§ 826 für *einseitige* vorsätzliche sittenwidrige Schädigung)
- **Konkurrenz** bei einseitigem, vors. sittenwidrigen Verhalten
  ⇨ § 826 kann dazu führen, dass Geschädigtem die Vorteile aus dem sittenwidrigen Rechtsgeschäft ganz oder teilweise erhalten bleiben
- Prüfung § 138 (Einwendung bei vertraglichem Anspruch) vor § 826 (deliktischer Anspruch)

§ 138 / § 123

§ 123 **lex specialis** bei arglistiger Täuschung / widerrechtl. Drohung
→ wäre Rechtsgeschäft schon nach § 138 nichtig, wäre Anfechtung mit Wirkung der Nichtigkeit ex tunc (§ 142 I) überflüssig!

Nennen Sie die Voraussetzungen des § 138 I BGB

! Voraussetzungen des § 138 I BGB

↳ BGB-AT I: Karteikarte Nr. 93 ; BGB-AT II, Rn. 128 f.

Sittenverstoß: Verstoß gegen das Anstandsgefühl aller billig und gerecht Denkenden und somit der herrschenden Rechts- und Sozialmoral. Durchschnittlicher Maßstab + Wertesystem d. GG ⇨ Gesamtwürdigung des Rechtsgeschäfts (nach Inhalt; Zweck, Beweggrund etc.)

+

Subjektive Vorwerfbarkeit: pers. Vorwerfbarkeit des Verhaltens: Grds. **Kenntnis** der die SiWi begründenden Umstände:

Bei Verstoß gegenüber **Vertragspartner**: einseitige Kenntnis genügt	Zurechnung des Vertreters, § 166 I	Gegenüber **Allgemeinheit/ Dritten**: Kenntnis aller Beteiligten erforderlich

Auf welchen Zeitpunkt ist für die Frage, ob ein Sittenverstoß vorliegt, abzustellen?

Maßgeblicher Zeitpunkt

↳ BGB-AT II, Rn.127

Maßgeblicher Zeitpunkt ist der des **Geschäftsabschlusses**

↓

Bei **späterer Änderung** der Moralvorstellung

↙ ↘

Keinen Einfluss auf Wirksamkeit eines **sofort** abgewickelten Rechtsgeschäfts

In Zeitspanne **zwischen** Geschäftsabschluss und Rechtserfolg: letzterer Zeitpunkt maßgeblich

Grund: § 138 will nicht Gesinnung bestrafen, sondern zu missbilligenden Rechtserfolg verhindern

Ist bei einem sittenwidrigen Rechtsgeschäft auch das Verfügungsgeschäft nichtig („Fehleridentität")?

„Fehleridentität" bei § 138 I BGB

BGB-AT I: Karteikarte Nr. 91

Nach § 138 I ist grundsätzlich **nur das Verpflichtungsgeschäft**, **nicht** auch das **Verfügungsgeschäft** nichtig (⇨ zielt nur auf Änderung der Güterzuordnung ab, damit i.d.R. sittlich-/wertneutral)

Ausnahme: wenn Sittenverstoß gerade in Veränderung der Güterzuordnung, d.h. dem Vollzug der Leistung liegt ⇨ Verfügungsgeschäft auch nichtig = Fehleridentität

z.B. Sicherungsübereignung, wenn Kreditgeber anfänglich übersichert ist und Sicherungsgeber stark verschuldet ⇨ Entzug des Zugriffs anderer Gläubiger auf Sachen des Sicherungsgebers durch Übereignung

Nennen Sie Fallgruppen sittenwidriger Rechtsgeschäfte!

Fallgruppen d. § 138 I BGB

↳ BGB-AT II, Rn.130 ff.

Begriff der Sittenwidrigkeit **ausfüllungsbedürftig**, deshalb durch Rechtsprechung gebildete Fallgruppen, z.B.:

Sittenwidriges Verhalten ggü. Geschäftspartner

- Knebelungsverträge mit übermäßiger Freiheitsbeschränkung
- Wucherähnliche Geschäfte, durch Ausnutzung wirtschaftlicher Übermacht
- bewusstes Ausnutzen einer aussichtslosen Lage des Geschäftspartners
- Übersicherung (nur anfängliche, vgl. KK Nr. 104)

Sittenwidriges Verhalten ggü. Allgemeinheit

- Gemeinschaftswidrige Rechtsgeschäfte (z.B. Verträge über Schmuggel)
- Verträge gegen Ehe-/Familienordnung und Sexualsphäre
- Standeswidrige Rechtsgeschäfte (z.B. Erfolgshonorar für Anwalt)

Wann kommt eine Sittenwidrigkeit wegen Übersicherung in Betracht?

Übersicherung und § 138 I BGB

↳ (umfassend) Life&LAW 1998, 138 ff.

Übersicherung: Wenn Wert der zu sichernden Forderung und Wert des Sicherungsmittels (z.B. bei Globalsicherheiten) in unangemessenem Verhältnis stehen (nicht bei Singularsicherheiten)

Anfängliche Übersicherung	Nachträgl. Übersicherung
Anfänglich = wenn im ZP des **Abschlusses des SiVertrages** Missverhältnis für ZP des Sicherungsfalles zu erwarten ist	§ 138 I (-), aber in Sicherungsabrede ist schuldrechtlicher Freigabeanspruch für Fall der Übersicherung enthalten
Rspr.: Sittenwidrigkeit, wenn Schätzwert des Sicherungsmittels **weit über** der zu sichernden Forderung liegt (Betrachtung im Einzelfall)	Nach BGH selbst dann, wenn ausdrücklich vereinbart, dass Freigabeklausel *nicht* besteht!

Worin kann eine Sittenwidrigkeit bei Sicherungszessionen bzw. -übereignungen liegen?

Sittenwidrigkeit bei SZ / SÜ

↳ BGB-AT I: Karteikarten Nr. 96

Anfängliche Übersicherung (siehe KK 104)

Knebelungsvertrag

- Bei **Globalzession** wird SiG praktisch die Möglichkeit genommen, Waren unter verlängertem Eigentumsvorbehalt (EV) zu beziehen
- Bei **SÜ** eines gesamten Lagerbestandes kann SiG nicht mehr i.R.e. ordnungsgem. Wirtschaft über Waren verfügen, Betrieb lahmgelegt!

Kredittäuschung

- SiG wird durch **SZ** gerade dazu gedrängt, sich ggü. Lieferanten unlauter zu verhalten, um Waren unter verl. EV zu beziehen (Vertragsbruchtheorie)
- **SÜ** lässt nicht erkennen, wer wahrer Eigentümer ist, SG erscheint somit kreditwürdiger, als er in Wirklichkeit ist ⇨ Gläubigergefährdung

Wodurch kann eine Sittenwidrigkeit bei Zusammentreffen von Globalzession und verlängertem Eigentumsvorbehalt vermieden werden?

Dingliche Verzichtsklausel

↬ BGB-AT I: Karteikarte Nr. 98

Problem: Lässt sich Sicherungsnehmer (SiN) auch solche Forderungen abtreten, die an Vorbehaltsverkäufer im Rahmen eines verlängerten Eigentumsvorbehalts abgetreten werden, wird Sicherungsgeber diesem gegenüber zum **Vertragsbruch** verleitet, da er, um an Waren zu kommen, die Globalzession verschweigen muss, § 138 I

⇩

Lösung: Dingliche Verzichtsklausel

⇨ SiN gibt Forderungen, die (später) mit einem verlängerten EV zusammentreffen automatisch und mit dinglicher Wirkung (jetzt schon) frei

⇨ Schutz der Vorbehalts-Verkäufer!

beachten: die nach Rspr. bei Übersicherung nicht erforderliche schuldrechtl. Freigabeklausel betrifft die (nachträgliche) *Übersicherung*, also eine ganz andere Frage!

Ist im Fall des sog. Mätressentestaments Sittenwidrigkeit gegeben?

↳ BGB-AT I: Karteikarte Nr. 102 ; BGB-AT II, Rn. 140

BGH bis 1970: Erbeinsetzung der Geliebten zum Nachteil der Familie gem. § 138 I sittenwidrig und Testament damit nichtig

Heute: Zurücksetzung von Angehörigen durch Verfügung von Todes wegen verstößt grundsätzlich nicht gegen § 138
Ausreichender Schutz der Abkömmlinge durch Pflichtteilsrecht, §§ 2303 ff.

Ausnahme: „Hergabe für Hingabe“: sittenwidrig, wenn letztwillige Zuwendung ledigl. **Entgelt für geschlechtliche Hingabe**

Maßgeblicher Zeitpunkt (vgl. KK Nr. 101) für Beurteilung der Sittenwidrigkeit beim Testament strittig; heute h.M. stellt auf **Zeitpunkt des Erbfalls** ab; erst dann stelle sich Frage der Wirksamkeit, da bis dahin frei änderbar

Stellen Sie die Grundsätze der Rechtsprechung zur Sittenwidrigkeit einer Angehörigenbürgschaft dar!

Sittenwidrige Bankbürgschaft

↳ BGB-AT I: Karteikarte Nr. 104

Kollidierende Interessen: Privatautonomie / Interesse an schuldenfreiem Leben; zu Angehörigenbürgschaften hat Rspr. Leitlinien entwickelt:

Bürgschaft sittenwidrig, § 138 I?		
(1)	**obj.** Element:	**Krasse Überforderung des Bürgen:** Anzunehmen, wenn Bürge nicht in der Lage ist, aus Vermögen / Einkommen Zinsen auf Forderung zu begleichen Vermutung, dass Bürgschaft nur aus emotionaler Verbundenheit übernommen wurde
(2)	**subj.** Element:	Bank kannte obige Umstände + nutzte sie für ihre Zwecke aus (v.a. Aussage: „bloße Formalität“!)
	Keine Entlastung der Bank durch Behauptung, Bürgschaft solle nur Gefahr von Vermögensverschiebungen vorbeugen. Bank müsste diesen beschränkten Haftungszweck vereinbaren (!) Keine Einschränkung durch §§ 286 ff. InsO (BGH, Life&LAW 11/2009)	

Wer ist Angehöriger i.S.d. Rechtsprechung?

↳ Life&LAW 2000, 232 ff.

Angehörigenbürgschaft

- Ehegatten
- Kinder
- Verlobte
- Partner einer nichtehel. Lebensgemeinschaft
- NICHT OHNE WEITERES: Geschwister, weil Vermutung, aus emotionaler Verbundenheit gehandelt zu haben, nicht zwingend der Lebenswirklichkeit entspricht.

Gibt es Ausnahmen von der grundsätzlichen Rechtsfolge des § 138 I BGB?

Rechtsfolge des § 138 I BGB

↳ BGB-AT I: Karteikarte Nr. 103

Grundsätzliche Rechtsfolge des § 138:
Nichtigkeit des *gesamten* Rechtsgeschäfts
h.M.: Verbot der „geltungserhaltenden Reduktion" §§ 157, 133 i.V.m. § 242 bzw. der Umdeutung, § 140: sonst stets Spekulation auf Verbleib des gerade noch gebilligten Erfolges!
Sittlich missbilligtes Verhalten wäre risikolos.

Ausnahmen:

Sittenwidrigkeit ergibt sich aus Überschreitung bestimmter **Höchstgrenzen für die Vertragsdauer** (typ.: Bierlieferungsverträge ⇨ ca. 15 Jahre); Aufrechterhaltung des Vertrags mit *zulässiger* Dauer möglich (mutmaßlicher Parteiwille!)

Gesamtnichtigkeit verletzt gerade Interesse des **nicht sittenwidrig handelnden Vertragspartners** (typ.: Mietwucher ⇨ Schutz des Mieters!) ↳ Aufrechterhaltung mit *zulässigem* Inhalt

Nennen Sie die Voraussetzungen des Wuchertatbestandes, § 138 II BGB!

§ 138 II BGB: Voraussetzungen

↳ BGB-AT I: Karteikarte Nr. 105 ; BGB-AT II, Rn. 146

Wucher, § 138 II (lex specialis zu § 138 I)

1. Obj. Voraussetzungen

↳ **Auffälliges Missverhältnis** zwischen Leistung und Gegenleistung im Zeitpunkt des Vertragsschlusses (nach Umständen des Einzelfalles, z.B. vertragliche Risikoverteilung, Marktüblichkeit ⇨ Argumentation nötig!)

2. Subj. Voraussetzungen

↳ **bewusstes Ausnutzen** der **Schwächesituation** des Vertragspartners, z.B.

- Zwangslage
- Unerfahrenheit
- mangelndes Urteilsvermögen
- erhebliche Willensschwäche

Was ist die Rechtsfolge des § 138 II BGB?

! Rechtsfolge des § 138 II BGB

↳ BGB-AT I: Karteikarte Nr. 108 ; BGB-AT II, Rn. 151

Rechtsfolge des § 138 II:
Nichtigkeit des Rechtsgeschäftes und zwar des:

Verpflichtungsgeschäftes
(„versprechen...“)

und des

Verfügungsgeschäftes
(„...oder gewähren lässt“)

Gesetzlich geregelter Fall der **„Fehleridentität“**!

nur Erfüllungsgeschäft des Bewucherten nichtig, das des Wucherers bleibt wirksam (Wortlaut: „sich...gewähren lässt“)

Was ist unter einem wucherähnlichen Geschäft zu verstehen?

Wucherähnliches Geschäft

BGB-AT I: Karteikarte Nr. 109

Häufig scheitert § 138 II am fehlenden subj. TB oder der Zwangslage; in diesen Fällen kommt jedoch Nichtigkeit nach § 138 I in Betracht: sog. wucher*ähnliche* Geschäfte!

„Auffälliges“ Missverhältnis

Bei Darlehensverträgen: Vertragszins übersteigt Marktzins

- um 100 % oder
- absolut um 12 Prozentpunkte

→ Subj. Voraussetzungen des § 138 I werden (widerleglich) vermutet

„Besonders grobes“ Missverh.

Bei Darlehensverträgen: Vertragszins übersteigt Marktzins um 200 %

→ Subj. Voraussetzungen des § 138 I werden **unwiderleglich** vermutet

Welche Auswirkungen hat ein Vertrag über künftiges Vermögen i.S.d. § 311b II BGB? Wann liegt ein solcher vor?

! § 311b II BGB

↳ BGB-AT I: Karteikarte Nr. 110

§ 311b II: Vertrag über künftiges Vermögen ist **nichtig**
Grund: Schutz der wirtschaftlichen Betätigungsfreiheit:
man soll sich nicht seiner Vermögensfähigkeit begeben und dadurch jede Motivation der Erwerbstätigkeit verlieren
⇨ gesetzl. Einschränkung der Privatautonomie

Voraussetzungen:

- Verpflichtung (Vertrag oder einseitig: § 311b II analog) **keine** Anwendung auf **Verfügungen**
- zur Übertragung / Bestellung eines Nießbrauchs am künftigen Vermögen (bzw. Bruchteil davon) „en bloc" ⇨ nicht wie bei § 1365 auch Übertragung von Einzelgegenständen, die evtl. Großteil des Vermögens ausmachen

evtl. guter Einstieg in eine Bereicherungsrechtsklausur

Wann führt § 311b IV BGB zur Nichtigkeit eines Vertrages?

§ 311b IV BGB

↳ BGB-AT I: Karteikarte Nr. 111

Verträge gem. § 311b IV **nichtig**
Grund: Abmachung spekuliert mit dem Tod des Dritten (sittenwidrig) und greift mittelbar in die Testierfreiheit des Erblassers ein

Voraussetzungen:

- schuldrechtlicher Vertrag (auch Verfügungen, 311b IV analog)
- über Nachlass (nicht Einzelgegenstände) eines lebenden Dritten (bzw. § 311b IV S. 2); § 311b IV nicht abdingbar, auch nicht bei Zustimmung des betroffenen Dritten

Ausnahmen:

- § 311b V: notariell beurkundete Verträge unter künftigen *gesetzlichen* Erben (mögliche Erben i.S.d. §§ 1924 ff. zum Zeitpunkt des Vertragsschlusses) über ihren gesetzlichen Erb- oder Pflichtteil
- Vereinbarung über Anwartschaftsrecht des Nacherben

Nennen Sie Beispiele absoluter und relativer Verfügungsverbote!

Verfügungsverbote

↳ BGB-AT I: Karteikarte Nr. 112

Verfügungsverbote

Absolute:

Wirken gegenüber jedermann

V.a. bei Eheleuten im gesetzl. Güterstand,
- *§ 1365: über Vermögen im Ganzen*
- *§ 1369: über Haushaltsgegenstände*

Relative:

Sollen nur bestimmte Personen schützen, wirken daher nur im Verh. zu *diesen*

- *kraft Gesetzes, § 135, z.B. § 2113*
- kraft behördlicher Anordnung, § 136 (z.B. Verstrickung durch Pfändung, vgl. §§ 808, 829 I ZPO)!

Was regelt § 2302 BGB?

Unbeschränkbarkeit der Testierfreiheit

↳ BGB-AT I: Karteikarte Nr. 113

Grundsätzlich ist ein Vertrag, durch den sich jemand verpflichtet, eine Verfügung von Todes wegen zu errichten oder nicht, oder sie von Todes wegen aufzuheben oder nicht, **gem. § 2302 nichtig**
Schutz der vertraglich unbeschränkbaren Testierfreiheit

↓

Unwirksamkeit erfasst den gesamten Vertrag (auch Verpflichtung zur Erbringung der Gegenleistung) ↳ keine rechtliche Verpflichtung, auch keine SE-Ansprüche (v.a. keine Umgehung durch c.i.c., § 311 II i.V.m. § 280 I !)

Ausnahme:

- Ausdrücklich zulässig: Erbvertrag / gemeinschaftliches Testament
- Vertrag über Erbverzicht mit Erblasser (für Vertrag mit Drittem gilt § 311b IV, V)

Ist die Stellvertretung bei Rechtsgeschäften stets zulässig?

Zulässigkeit der Stellvertretung **BGB-AT II 1**

BGB-AT II: Karteikarte Nr. 114 ; Basics Zivilrecht – Band I, Rn. 34

Stellvertretung grds. **zulässig**. Ausnahmen:

Höchstpersönliche Geschäfte:

- Testamentserrichtung, § 2064
- Eheschließung, § 1311 S.1
- Erbvertrag, § 2274

„gewillkürte Höchstpersönlichkeit“

Parteien können Vertretung im Rahmen ihrer Beziehungen ausschließen

Gesetzliche Vertretungsverbote

z.B. §§ 1641 BGB

nicht aber § 925 I S.1

Welches sind die Voraussetzungen einer wirksamen Stellvertretung?

Voraussetzungen der Stellvertretung

↳ BGB-AT II: Karteikarte Nr. 115 ; Basics Zivilrecht – Band I, Rn. 33

- Vorprüfung: Zulässigkeit der Stellvertretung (vgl. KK Nr. 1)

Voraussetzungen der (unmittelbaren) Stellvertretung, §§ 164 ff.

- Abgabe einer *eigenen* WE (Abgrenzung zum Boten!)
- Handeln in fremdem Namen (Offenkundigkeitsgrundsatz)
- mit Vertretungsmacht (wenn (-): „falsus procurator")

Mittelbare Stellvertretung: Handeln in *eigenem* Namen
↳ Rechtsfolgen treffen den Handelnden selbst! vgl. KK 3

Wie unterscheidet sich die Wirkung der Stellvertretung von derjenigen der mittelbaren Stellvertretung?

Mittelbare Stellvertretung

↳ BGB-AT II: Karteikarte Nr. 116

Stellvertretung (Handeln in **fremdem** Namen) wirkt für und gegen den Vertretenen, § 164 I S.1

⇕

Bei der **mittelbaren Stellvertretung** (nicht gesondert geregelt) wird zunächst nur der unmittelbar Handelnde (Handeln im **eigenen** Namen!) berechtigt und verpflichtet. Der Geschäftsherr nimmt an der Rechtsbeziehung zwischen Vordermann und dessen Vertragspartner nicht teil

aber: im Innenverhältnis Anspruch auf Herausgabe des Erlangten an den Hintermann, z.B. Kommission, § 384 II HGB, Auftrag, § 667

Bei schuldhafter Unmöglichkeit d. Herausgabe ⇨ SE §§ 280 I, III, 283

Kann die Übereignung nach § 929 S.1 BGB durch Stellvertretung auf der Erwerberseite erfolgen?

„Übergabe" bei Stellvertretung

↳ BGB-AT II: Karteikarte Nr. 117

1) Dingl. Einigung, § 929 S.1: Stellvertretung möglich, da WE

⇕

2) Übergabe, § 929 S.1: grds. keine WE, sondern **Realakt**, Stellvertretung gem. §§ 164 ff. somit *nicht* mögl. (Ausn. § 854 II!)

Übergabe an vertretenen Erwerber durch Aushändigung an Vertreter; differenziere:

- **Besitzdiener**: § 855 (nur *Vertretener* wird unm. Besitzer)
- **Besitzmittler**: § 868 (Vertretener erhält mittelbaren Besitz, genügt)
- **Geheißperson**: (Übergabe, wenn Aushändigung auf Geheiß des Erwerbers)

Grenzen Sie den Stellvertreter vom Boten ab!

Abgrenzung zum Boten

↳ BGB-AT II: Karteikarte Nr. 118 ; Basics Zivilrecht – Band I, Rn. 36 ff.

Vertreter gibt **eigene** WE ab, § 164 I S.1

Eigentlich Frage d. Innenverhältnisses: Entschließungsfreiheit?

Bote übermittelt vorgegebene **fremde** WE

Abstellen auf das Auftreten des Mittelsmannes im **Außenverhältnis** aus Verkehrs- und Vertrauensschutzgründen

Vertreter, wenn Mittelsmann nach außen so auftritt, als habe er Entschließungsfreiheit, selbst wenn er im *Innen*verhältnis nur Bote sein sollte (und umgekehrt)

Wie ist der Fall zu beurteilen, wenn der Bote seine Botenmacht überschreitet?

Überschreitung der Botenmacht

↳ BGB-AT I, Rn. 195 ff.

Abstellen auf Art der Überschreitung der Botenmacht:

Unabsichtlich

- WE **wirksam**, aber Anfechtung § 120 möglich
- Haftung des Geschäftsherrn nach § 122, (Vertrauensschaden)
- Haftung des Boten, § 122 analog oder c.i.c. (§§ 311 II , 241 II, 280 I) gegenüber Geschäftsherrn

Absichtlich

- Rechtsgeschäft schwebend **unwirksam**, aber **genehmigungsfähig**, §§ 177 f. analog
- Haftung des Boten gem. § 179 analog ggü. Vertragspartner

In welchen Fällen ist die Abgrenzung des Stellvertreters zum Boten von Bedeutung? Inwiefern?

Anfechtbarkeit der WE bei Willensmängeln des Geschäftsherrn

- bei Botenschaft (+), gem. § 119 (120 (-), da *richtige* Übermittlung)
- bei Vertreter (-), da allein Vorstellung des **Vertreters** erheblich, § 166 I

Geschäftsunfähiger als Mittelsperson

- Bote (+), da er nur fertige WE übermittelt
- Vertreter (-), da er eigene WE abgibt; aber beschr. GF ausreichend, § 165

Zugang einer ggü. Mittelsperson abgegeben WE

- (Empfangs)Bote: in dem ZP, zu dem mit Weitergabe zu rechnen ist
- (Empfangs)Vertreter, § 164 III: mit Zugang der WE bei diesem

Kann der bösgläubige Geschäftsherr gutgläubig erwerben, wenn er seinen nichtsahnenden Vertreter „vorschickt"?

! § 166 I, II BGB

↳ BGB-AT II: Karteikarte Nr. 121 ; Basics Zivilrecht – Band I, Rn. 58 f.

Grds. auf Wissen des **Vertreters** abstellen, **§ 166 I**; falls dieser gutgläubig, gutgläubiger Erwerb grds. möglich

⇩

Aber **§ 166 II**: bösgläubiger Geschäftsherr soll Stellvertretung nicht dazu benutzen, durch Einschaltung eines gutgläubigen Stellvertreters sich von seiner eigenen Bösgläubigkeit „reinzuwaschen"

⇨ auf Wissen des **Vertretenen** abzustellen, gutgl. Erwerb **(-)**!

↳ *Begriff der Weisung (Wortlaut § 166 II S.1) dabei weit auszulegen: Handeln im Rahmen der Vertretungsmacht reicht aus!*

***Merke:** Genehmigung ist Weisung gleichzustellen!*

Ist zur Wahrung des Offenkundigkeitsgrundsatzes ein ausdrückliches Auftreten in fremdem Namen erforderlich?

↳ BGB-AT II: Karteikarte Nr. 123 ; Basics Zivilrecht – Band I, Rn. 44

Geschäft wirkt (grds.) nur für und gegen Vertretenen, wenn der Vertreter erkennbar in fremdem Namen handelt, § 164 I S.1 („Offenkundigkeitsprinzip")

↳ **Zweck:** Schutz des Geschäftsgegners, der wissen muss, mit wem er es zu tun hat, um Risiko der Durchsetzbarkeit seiner Ansprüche abschätzen zu können

Aber: Vertreter muss nicht ausdrücklich im Namen des Vertretenen auftreten, **konkludente** Offenkundigkeit genügt: **§ 164 I S.2**

↳ z.B. sog. *unternehmensbezogenes Geschäft*: Verkäufer an der Ladentheke verkauft für den Betriebsinhaber, nicht für sich selbst; dies auch, wenn Verkäufer dies nicht ausdrücklich erklärt, da aus Umständen erkennbar!

Handelt es sich bei einem offenen bzw. verdeckten Geschäft für den, den es angeht jeweils um einen Fall wirksamer Stellvertretung?

Geschäft für den es angeht

↳ BGB-AT II: Karteikarte Nr. 127; Basics Zivilrecht – Band I, Rn. 42

Geschäft für den, den es angeht

offen

Mittelsperson handelt **offenkundig** für einen Dritten, benennt diesen aber nicht ⇨ Geschäftspartner, der sich darauf einlässt ist nicht schutzwürdig
Daher: Offenkundigkeit (+)

Zulässige Vertretung unter Offenhaltung der Person des Vertretenen

verdeckt

Handelnder **legt *nicht* offen**, dass er für anderen handelt, er will es aber **und** dem Geschäftspartner ist die Identität des Vertragspartners egal ⇨ Ausnahme vom Offenkundigkeitsprinzip!

z.B. Bargeschäfte des täglichen Lebens, bei denen Verpflichtung sofort erfüllt wird. Vgl. BGH, Life&LAW 2016, 165 ff.

Nennen Sie die Rechtsfolgen mangelnder Offenkundigkeit!

Mangelnde Offenkundigkeit

↳ BGB-AT II: Karteikarte Nr. 124

Tritt beim Handelnden der Wille, in fremdem Namen zu handeln nicht erkennbar hervor…(d.h.: Offenkundigk. (-)!)

…wird er selbst aus dem von ihm abgeschlossenen Geschäft verpflichtet, **§ 164 II** („Im Zweifel Eigengeschäft" des Vertreters!)

Anfechtung wegen Inhaltsirrtums, § 119 I Alt. 1 (-)
⇨ § 164 II stellt klar, dass fehlender Wille, im eigenen Namen zu handeln, nur ein unbeachtlicher Rechtsfolgenirrtum ist

Was kann jemand tun, der in fremdem Namen gehandelt hat, obwohl er das Rechtsgeschäft für sich selbst abschließen wollte?

Handeln ohne Vertreterwillen

↳ BGB-AT II: Karteikarte Nr. 125

Maßgeblich ist der objektive Empfängerhorizont, nicht der subj. Wille des Handelnden:
§§ 133, 157 ⇨ **Vertretergeschäft (+): wirksam bei VM**

Anfechtbarkeit gem. §§ 119 I Alt.1, 166 I (Irrtum über Bedeutung d. Auftretens)**?**

h.M. (-), **§ 164 II analog**
gleiche Interessenlage: Wille, in eigenem Namen zu handeln, **unbeachtlich**, da nicht nach außen zum Ausdruck gekommen

a.A. (+),
da § 164 II als Ausnahmevorschrift nicht analogiefähig

Wie unterscheidet sich das Handeln unter fremdem Namen vom Handeln unter falschem Namen? (sehr lehrreich BGH, Life&Law 2011, 615 ff.; OLG Hamm, Life&Law 2017, 383 ff.)

Namens- /Identitätstäuschung

↳ BGB-AT II: Karteikarte Nr. 126

Abgrenzung nach Vorstellung des **Geschäftsgegners**:

Handeln unter falschem Namen	Handeln unter fremdem Namen
Wenn Name des Handelnden egal ⇨ **Namenstäuschung**	Wenn für ihn Person d. Namensträgers entscheidend ⇨ **Identitätstäuschung**

z.B. Einbuchung an Hotelrezeption mit falschem Namen „Müller“

↓

Eigengeschäft des Handelnden ⇨ der wahre Namensträger kann Geschäft *nicht* gem. § 177 I an sich ziehen

z.B. der arme A täuscht vor, der reiche R zu sein, um Darlehen aufnehmen zu können

↙

Bei Vertretungsmacht des Handelnden ⇨ §§ 164 ff. analog Fremdgeschäft für wahren Namensträger

↘

Ohne Vertretungsmacht ⇨ Namensträger kann Geschäft an sich ziehen gem. § 177 I analog; sonst Haftung des Handelnden, § 179 analog

Liegt bei Unterschrift „mit“ statt „im“ Namen des Vertretenen eine wirksame Stellvertretung vor?

Unterschrift mit Namen des Vertretenen

↳ BGB-AT II: Karteikarte Nr. 128

Wirksamkeit fraglich, da Einschaltung des Vertreters **nicht offenkundig** wurde, gem. § 164 I (z.B. durch „i.A.“, „i.V.“)

e.A.: Stellvertretung auf diesem Weg unzulässig, da im Verkehr die aus Unterzeichnung hervorgehende Person auch als **Aussteller** der Erklärung angesehen wird

h.M.: Vertreter darf mit Namen des Vertretenen unterschreiben, da Parteiinteressen hinreichend gewahrt:
↳ für Geschäftsgegner hat *Vertretener* die WE abgegeben, Vertretener *wollte* sie auch durch seinen Vertreter abgeben

Welche verschiedenen Arten der Vollmacht können unterschieden werden?

Formen der Vollmacht

↳ Basics Zivilrecht – Band I, Rn. 49 ff.

Nach Umfang

- Spezialvollmacht (für bestimmtes Rechtsgeschäft)
- Gattungsvollmacht (für best. Art von Rechtsgeschäften)
- Generalvollmacht (für jede Art von Rechtsgeschäften)

Nach Widerruflichkeit

widerruflich / unwiderruflich, § 168 S.2 ist dispositiv

Nach Kreis d. Bevollmächtigten

- Einzelvollmacht
- Gesamtvollmacht: Gesamtvertreter müssen *zusammen* tätig werden

Nach Art d. Erteilung

Innenvollmacht od. Außenvollmacht, § 167 I; vgl. nächste KK

Auf welche Weise kann eine Vollmacht erteilt werden?

Erteilung der Vollmacht

↳ BGB-AT II: Karteikarte Nr. 129

Arten der Erteilung der Vollmacht

§ 167 I Alt.1
gegenüber dem Vertreter selbst (sog. **Innenvollmacht**) durch einseitige empfangsbedürftige WE

§ 167 I Alt.2
gegenüber dem Geschäftsgegner (sog. **Außenvollmacht**)

Nach außen kundgemachte Innenvollmacht i.S.v. § 171
→ letztlich keine dritte Art d. Erteilung, da diese bereits durch Erklärung ggü. Vertreter erfolgt ist; Kundmachung (Wissenserkl.) nach außen für *Rechtsschein* relevant!

Ist eine Bevollmächtigung stets formlos möglich?

Form der Bevollmächtigung

↳ BGB-AT I, Rn. 237f. ; Basics Zivilrecht – Band I, Rn. 50

Gem. § 167 II Bevollmächtigung grundsätzlich **formlos** möglich, selbst wenn Vertretergeschäft formbedürftig ist

Ausnahmen:

- **unwiderrufliche Vollmacht; arg:** Vertretener praktisch durch Bevollmächtigung schon an formbed. Geschäft gebunden (**Übereilungsschutz**!)
- **Bürgschaft, arg:** Haftung mit vollem Vermögen; daher besondere Schutzbedürftigkeit des Bürgen

gesetzlich geregelte Fälle: §§ 2 II GmbHG, 134 III S.2,135 AktG, 492 IV,1484 II S.1 und 1945 III S.1 BGB

Was ist unter einer Blankobürgschaft zu verstehen?
Welches Problem stellt sich?

Blankobürgschaft

Bürge gibt keine vollständige Bürgschaftserklärung ab, sondern lässt Bürgschaftssumme und i.d.R. Person d. Gläubigers offen. Diese Blankobürgschaftserklärung übergibt er einem Dritten oder dem Gläubiger, der sie vervollständigt.

↓

Problem: *Blanko*bürgschaft genügt **§ 766 S.1** nicht, da nicht alle essentialia negotii schriftlich niedergelegt wurden. Aber: Ist Form nach Ausfüllung gem. **§ 766 S.1** gewahrt? Siehe KK 19

Genügt eine von einem Dritten ausgefüllte Blankobürgschaft der Form des § 766 S.1 BGB?

Ausgefüllte Blankobürgschaft: § 766 S.1?

Früher h.M.:

Ausfüllungsermächtigung ist keine Bevollmächtigung, da fremde WE nur vervollständigt wird; aber zulässig, vgl. Art. 10 WechselG.
Da Bevollmächtigung gem. § 167 II formlos möglich, muss dies auch für Ausfüllungsermächtigung als Minus gelten; § 766 S.1 (+)!

BGH heute:

- § 167 II analog ist einzuschränken, da für Bürgen mit Aushändigung der Blanketterklärung fakt. Bindungswirkung eintritt: § 766 S.1 (-), es sei denn: Ausfüllungsermächtigung ist ebenfalls schriftlich erfolgt. § 125 S. 1!
- Aber: Aussteller erweckt Rechtsschein durch Blanketturkunde; ggü. gutgl. Gläubiger daher gem. **§ 172 II analog** Bürgschaftserklärung wirksam!

Ist eine abredewidrig ausgefüllte Blankobürgschaftserklärung wirksam?

Abredewidrig ausgefüllte Blankobürgschaft

Ausfüllender überschreitet die Ausfüllungsermächtigung, setzt z.B. anstatt eines Betrages von 10.000 € einen Betrag von 100.000 € ein.

Grds. Bürgschaft mangels Ausfüllungsermächtigung **(-)**, § 177 ff. analog. Allerdings: **§ 172 II analog**: Wirksamkeit ggü. **gutgl. Gläubiger**! Anfechtbarkeit nach § 119 I (-), da Rechtsschein nicht anfechtbar (str.).

→ Wg. Form des § 766 S.1 (KK 18-19) darf Gl. weder wissen noch wissen müssen (§§ 172 II, 173 analog), dass eine Vervollständigung einer zunächst unvollständigen Blanketterklärung *überhaupt* stattgefunden hat; dieser gute Glaube schließt obigen guten Glauben zwingend mit ein!

In welchem Verhältnis stehen Grundgeschäft, Vertretergeschäft und Vollmacht zueinander?

Übersicht zur Vollmacht

↳ BGB-AT II: Karteikarte Nr. 131

Innenverhältnis

Grundgeschäft zwischen Geschäftsherrn und Bevollmächtigtem, z.B. Auftrag, Geschäftsbesorgung (rechtliches **Dürfen**)

Akzessor bzgl. ***Erlöschen****, § 168 S.1*

Abstrakt *bzgl.* ***Entstehung***

Vollmacht

Bevollmächtigung des Vertreters durch Vertretenen

Außenverhältnis

Vertretergeschäft, durch das Vertretener berechtigt und verpflichtet wird, § 164 I S.1 (rechtliches **Können**)

Wirksames Vertretergeschäft = Verpflichtung und Berechtigung des Vertretenen (§ 164 I S.1) setzt Vertretungsmacht voraus; insofern **zur Vollmacht akzessorisch**!

Was ist unter einem Missbrauch der Vertretungsmacht zu verstehen?

Missbrauch der Vertretungsmacht

↬ BGB-AT II: Karteikarte Nr. 133 ; Basics Zivilrecht – Band I, Rn. 64

Überschreiten der **Befugnisse im Innenverhältnis** (rechtliches Dürfen)

...ohne dabei die **Befugnis im Außenverhältnis** (rechtliches Können) zu überschreiten

Häufig bei Prokura, §§ 48 ff. HGB, da diese im Außenverhältnis unbeschränkbar, § 50 I HGB

Wg. **Abstraktheit der Vollmacht**: Grds. **wirksame Verpflichtung** des Vertretenen ggü. Vertragspartner; aus verletztem Innenverhältnis evtl. SE-Ansprüche gg. Vertreter (§§ 280 ff.)

Was sind die Rechtsfolgen des Missbrauchs der Vertretungsmacht?

Rechtsfolgen bei Missbrauch

↳ BGB-AT I, Rn. 285 ff.

Rechtsfolge: Geschäftsherr wird wirksam verpflichtet, da Risiko des Missbrauchs grundsätzlich der Vertretene trägt (Beschränkung aus Innenverhältnis irrelevant für Außenverhältnis)

Ausnahmen: (→ Abstraktheit durchbrochen)

Evidenz

Geschäftsgegner hätte zumindest erkennen müssen, dass Vertreter sein rechtl. Dürfen aus dem Innenverhältnis überschreitet

- **Rspr.:** Einrede, § 242 gegen Inanspruchnahme aus Vertrag
- **Lit.:** §§ 177 I analog flexibler, da Genehmigungsmöglichkeit

Kollusion

Bei *bewusstem Zusammenwirken* von Vertreter und Geschäftsgegner zum Nachteil des Vertretenen wird dieser trotz Vertretungsmacht nicht gebunden, § 138 I

Welche Sonderformen der rechtsgeschäftlichen Vertretungsmacht finden sich im HGB?

Vollmachten nach HGB

Prokura, §§ 48 ff.

- § 49 I, Ermächtigung zu *allen* Geschäften, die Betrieb (irgend)eines Handelsgewerbes mit sich bringt (Ausnahme: Veräußerung/Belastung v. Grundstücken, § 49 II; Einstellung oder Veräußerung des Betriebes)
- § 50 I, Beschränkung des Umfangs der Prokura im Außenverhältnis unwirksam

Handlungsvollmacht, § 54 I

- Bei fehlgeschlagener Prokura von Bedeutung, da bei entsprechendem Parteiwillen Umdeutung möglich, § 140
- Vollmacht umfasst übliche Geschäfte für *bestimmtes* Handelsgewerbe

Ladenverkäufer, § 56

- gesetzl. geregelter Fall der Anscheinsvollm. (str.), daher böser Gl. schädl.
- „Empfangnahme“: Erfüllung § 362 I ggü. Angestelltem mögl.

Was sind die Voraussetzungen der Duldungsvollmacht und was ist ihre Wirkung?

Duldungsvollmacht: wirkt wie rechtsgeschäftl. erteilte Vollmacht

I. Obj. Rechts-scheinstat-bestand	Jemand tritt als Vertreter ohne VM im Namen eines anderen auf (wiederholtes Auftreten als Vertreter *nicht* erforderlich!)
II. Zu-rechen-barkeit	(voll geschäftsfähiger) Vertretener weiß, dass ein anderer ohne Vollmacht für ihn handelt, unternimmt aber in zurechenbarer Weise, also **trotz Verhinderungsmöglichkeit**, nichts dagegen → **bewusste Duldung**
III. Redlich-keit des Dritten	Geschäftsgegner vertraut gutgläubig auf den durch das Dulden gesetzten Rechtsschein bestehender Bevollmächtigung, § 173 analog; Kausalität zw. Rechtsschein und gutem Glauben!

Was sind die Voraussetzungen der Anscheinsvollmacht und was ist ihre Wirkung?

! Anscheinsvollmacht

↳ BGB-AT I, Rn. 248

Anscheinsvollmacht: wirkt nach h.M. wie rg. erteilte Vollmacht

I. Obj. Rechts-scheinstat-bestand	Wiederholtes rechtsgeschäftliches Handeln im Namen eines anderen (ohne Vertretungsmacht)
II. Zu-rechen-barkeit	(voll geschäftsfähiger) Vertretener kennt Handeln seines angeblichen Vertreters zwar nicht, hätte es bei **pflichtgemäßer Sorgfalt** aber erkennen und verhindern können
III. Redlich-keit des Dritten	Geschäftsgegner vertraut gutgläubig auf den Rechtsschein bestehender Bevollmächtigung, § 173 analog; Kausalität zw. Rechtsschein und gutem Glauben

Nennen Sie die Voraussetzungen der Rechtsscheinsvollmachten nach §§ 170 – 173 BGB!

! Rechtsscheinsvollmachten, §§ 170-172

↳ BGB-AT I, Rn. 263

§§ 170-172: wirken wie rechtsgeschäftl. erteilte Vollmachten

I. Obj. Rechts-scheintat-bestand

- § 170: ggü. Drittem erteilte Außenvollmacht, § 167 I Alt.2
- § 171: bes. Mitteilung oder öffentliche Bekanntmachung
- § 172: ausgehändigte und vorgelegte Vollmachtsurk.

II. Zu-rechen-barkeit

Außenvollmacht bei § 170, Kundgabe bei § 171 I, Aushändigen der Urkunde bei § 172 I

III. Redlich-keit des Dritten

§ 173: Gutgläubigkeit des Geschäftsgegners bezüglich Bestehen der Vollmacht im Zeitpunkt der Vornahme des Rechtsgeschäfts

Sind Duldungs- und/ oder Anscheinsvollmachten anfechtbar?

↳ BGB-AT I, Rn. 248

Anscheinsvollmacht

↓

= Rechtsscheinsvollmacht.

Rechtsschein lässt sich aber nicht im Wege der Anfechtung beseitigen; Schutz des Rechtsverkehrs!

Duldungsvollmacht

a.A.

↓

Grds. Anfechtung möglich

⇨ aber ausgeschlossen wegen Irrtums über die Bedeutung des Duldens

Wann erlischt eine rechtsgeschäftlich erteilte Vollmacht?

Erlöschen der Vollmacht

§ 168

Satz 1: mit zugrundeliegendem Rechtsgeschäft

ausnahmsweise Akzessorietät!

Satz 2: mit Widerruf der Vollmacht (falls nicht unwiderrufl.)

Sonstige Gründe:

- mit Zeitablauf bei Befristung
- Eintritt einer auflösend erteilten Bedingung
- Benutzung bei Spezialvollmacht
- Anfechtung

Wie wirkt sich der Tod des Vollmachtgebers/ Bevollmächtigten auf die Vollmacht aus?

Tod und Vollmacht

Bevollmächtigter stirbt

↓

§ 673: Auftrag **erlischt** im Zweifel
⇨ damit auch die Vollmacht, § 168 S.1

Vollmachtgeber stirbt

↓

§ 672: Auftrag **bleibt** im Zweifel bestehen ⇨ damit auch die Vollmacht, § 168 S.1 (*transmortal*)

Widerrufsrecht der Erben, § 168 S.2

Wie unterscheiden sich transmortale und postmortale Vollmacht?

Post- und transmortale Vollmacht

↳ BGB-AT I, Rn. 261

Transmortale Vollmacht

↓

Vollmacht **bleibt** über den Tod des Vollmachtgebers hinaus bestehen § 672 i.V.m. 168 S.1

Postmortale Vollmacht

↓

Vollmacht gelangt erst aufschiebend bedingt mit dem Todesfall zur **Entstehung**, § 158 I

Erben können jedoch Vollmacht **zum Erlöschen bringen**: Durch Beendigung des zugrundeliegenden Rechtsverhältnisses, z.B. durch Widerruf des Auftrags, §§ 671, 168 S.1; oder durch Widerruf der Vollmacht, § 168 S.2 (wenn nicht unwiderruflich erteilt)!

Wem gegenüber ist der Widerruf der Vollmacht zu erklären?

Widerruf der Vollmacht

Art des *Widerrufs* hängt **nicht** von der Art der *Erteilung* der Vollmacht ab (häufiger Fehler!)

Gegenüber dem **Bevollmächtigten**, §§ 168 S.3 i.V.m. 167 I Alt.1

Gegenüber dem **Geschäftsgegner**, §§ 168 S.3 i.V.m. 167 I Alt.2

Dann kommen jedoch häufig **Rechtsscheinsvollmachten** nach §§ 170-172 i.V.m. 173 in Betracht!

Ist eine bereits betätigte Innenvollmacht noch wegen Willensmängeln durch den Vollmachtgeber anfechtbar?

Anfechtbarkeit betätigter Vollmacht

↳ Basics Zivilrecht – Band I, Rn. 56

Problem einer evtl. Anfechtbarkeit: Vertreter wird „ex tunc" (§ 142 I) zum „falsus procurator", an den sich Geschäftsgegner dann halten müsste, § 179 (Liquiditätsrisiko!) anstatt Vertretenen in Anspruch nehmen zu können

e.A.: Anfechtung (-)

- keine zusätzliche Anfechtungsmöglichkeit durch Einschaltung eines Vertreters
- gem. § 166 I kommt es für Willensmängel grds. auf Person d. Vertreters an
- auch keine Anfechtung der Prozessvollmacht mgl.

h.M.: Anfechtung (+)

- Vollmachtserteilung als normales einseitiges Rechtsgeschäft anfechtbar
- **Anfechtungserklärung** *muss zumindest auch* ggü. Geschäftsgegner erfolgen (in Abweichung von § 143 III S.1)

⇨ dieser erhält dann Direktanspruch gegen Vertretenen aus § 122 neben unsicherem Anspruch aus § 179 gegen Vertreter

Kann eine Rechtsscheinsvollmacht nach den §§ 171, 172 BGB angefochten werden?

Anfechtbarkeit der §§ 171, 172 BGB

Anfechtbarkeit je nach Ansicht über Rechtsnatur der Kundmachung

Formelle Betrachtung:

Rechtsscheinsvollmacht

Kundmachung reine Wissenserklärung

⇨ einmal gesetzter Rechtsschein **nicht anfechtbar**

Wertende Betrachtung:

Kundmachung **Außenvollmacht gleichzusetzen**

⇨ **Anfechtbarkeit (+)**, da unbillig, Empfänger einer Kundmachung stärker zu schützen als bei Erteilung von Außenvollmacht, aber nie wegen Irrtums über Rechtsfolgen

Wie ist die Erteilung von Untervertretungsmacht dogmatisch zu konstruieren?
(sehr lehrreich dazu BGH, Life&Law 2013, 81 ff.)

Untervollmacht

↳ BGB-AT I, Rn. 238

Geschäftsherr

↓ ***1.*** *Geschäftsherr bevollmächtigt (Haupt-)Vertreter*

Vertreter

↓ ***2.*** *Vertreter bevollmächtigt Untervertreter*

Untervertreter

zu 2.: Bevollmächtigung ist einseitiges Rechtsgeschäft, Stellvertretung möglich! Hauptvertreter bevollmächtigt i.d.R. Untervertreter nicht in eigenem, sondern in fremdem Namen: Untervertreter wird damit Vertreter des **Geschäftsherren**!

Hauptvertreter benötigt zur Bevollmächtigung des Untervertreters Vertretungsmacht ggü. dem Geschäftsherrn;

⇨ im Zweifel anzunehmen, wenn Geschäftsherr erkennbar kein Interesse an persönlicher Ausführung durch den (Haupt-)Vertreter hat

Wie haftet der Untervertreter, wenn der Hauptvertreter ohne Vertretungsmacht handelte?

Haftung des Untervertreters

↳ BGB-AT I, Rn. 238

Wenn dem Hauptvertreter VMacht fehlt, hatte er auch keine VMacht zur Bevollmächtigung des Untervertreters; Bevollmächtigung nach § 180 unwirksam, Untervertreter = **falsus procurator**! (i.d.R. aber § 179 II)

Rspr.: Schutz des Untervertreters dadurch, dass Rechtsgeschäft zwischen Geschäftsgegner und Vertretenem erst „zustande kommt", wenn Vertreter das vom Untervertreter abgeschlossene Rechtsgeschäft auf Geschäftsherrn „überträgt"

anders Lit.:

Aufgedeckte Untervertretung
⇨ nur Haftung für Mängel der *Unter*vollmacht, da Geschäftsgegner bzgl. Mängel der Hauptvollmacht nicht schutzwürdig

Verdeckte Untervertretung
⇨ bei Auftreten als Hauptvertreter Vorrang des Interesses des Geschäftsgegners ↳ Haftung des Untervertreters aus **§ 179**

Nennen Sie einige Fälle gesetzlicher Vertretungsmacht!

Fälle gesetzlicher Vertretungsmacht

- **Eltern** für ihre mj. Kinder im Rahmen d. elterl. Sorge, §§ 1626, 1629 (Einschränkungen / Zustimmungserfordernisse beachten: §§ 1643, 1850 ff., 1629 II, 1824)
- **vormundschaftliche** Vertretung Minderjähriger, die nicht unter elterlicher Sorge stehen, § 1789 II S.1
- **Betreuung**, § 1823
- sog. **Schlüsselgewalt** zwischen Ehegatten, § 1357
- *Entsprechende Geltung der §§ 164 ff. für Parteien kraft Amtes, z.B. Testamentsvollstrecker, §§ 2197 ff., Nachlassverwalter, § 1985*

Wie erfolgt nach § 1357 BGB die Mitberechtigung und -verpflichtung des nicht handelnden Ehegatten?

Schlüsselgewalt

↳ Basics Zivilrecht – Band I, Rn. 43

Mitberechtigung und Mitverpflichtung des nicht handelnden Ehegatten auf **schuldrechtlicher** Ebene:

Handeln des Gatten in eigenem Namen: bei Gesch. zur angem. Deckung des Lebensbedarfs *hilft* § 1357 I S.2 *über fehlende Offenkundigkeit hinweg* ⇨ ausnahmsweise zulässige **gesetzliche Verpflichtungsermächtigung**

Handeln (auch) in fremdem Namen: Verpflichtung des Nichthandelnden durch Stellvertretung, auch wenn keine Vollmacht erteilt wurde. § 1357 I S.2 *hilft über die fehlende Vertretungsmacht hinweg* und wirkt insofern als **gesetzliche Vertretungsmacht**

Besonderheit zum Vertretungsrecht: Geschäftswirkungen treffen daneben den **Handelnden selbst** (Ausn.: § 1357 I S.2 a.E.)

Nach welchen Vorschriften kann eine organschaftliche Vertretung erfolgen?

Fälle organschaftlicher Vertretungsmacht

- **GmbH**, gem. § 35 GmbHG vertreten durch Geschäftsführer
- **AG**, gem. § 78 AktG vertreten durch Vorstand
- **Verein**, gem. § 26 II vertreten durch Vorstand
- **OHG**, gem. § 125 HGB (ab 01.01.2024: §124 HGB)
- **KG**, gem. §§ 161 II, 125 HGB (ab 01.01.2024: § 124) vertreten durch Gesellschafter (für Kommanditist keine *organschaftl*. Vertretung, § 170 HGB; ab 01.01.2024: 170 I HGB)
- **GbR**, gem. §§ 709, 714 vertreten durch Gesellschafter (ab 01.01.2024: § 720 BGB)

Welche Fälle der Vertretung verbietet § 181 BGB und mit welcher Rechtsfolge?

§ 181 BGB

↳ Basics Zivilrecht – Band I, Rn. 60

Beschränkung der Vertretungsmacht zur Vermeidung von Interessenkollisionen:

Mehrfachvertretung
Beide Parteien werden von ein und demselben Vertreter vertreten

§ 181 analog bei Zwischenschaltung eines Untervertreters, um Rechtsfolge des § 181 zu entgehen

Selbstkontrahieren
Geschäft des Vertreters mit sich selbst

Rechtsfolge: abgeschlossenes Rechtsgeschäft **analog § 177 I** nur *schwebend* unwirksam ⇨ Genehmigungsmöglichkeit für Geschäftsherrn

Was ist der Regelungszweck des § 181 BGB?
Wirkt sich das auf seine Voraussetzungen aus?

Regelungszweck: Vermeidung von Interessenkollisionen...

...da beide Vertragsparteien durch gleiche Person repräsentiert werden: Gefahr, dass Vertreter einseitig *seine* Interessen durchsetzt!

§ 181 jedoch **formale Ordnungsvorschrift**

Interessenkollision ist nicht Voraussetzung des § 181; maßgebl. aus Rechtssicherheitsgründen ist die *formelle Art der Vornahme* (Selbstkontrahieren/ Mehrfachvertretung); § 181 ebenso nicht analog auf andere Interessenkollisionen anwendbar (v.a. dann nicht, wenn sich von vornherein verschiedene Personen gegenüberstehen)

Nennen Sie die Ausnahmen vom Verbot von Insichgeschäften nach § 181 BGB!

Zulässige Insichgeschäfte

↳ BGB-AT I, Rn. 281, 283

Zulässige Insichgeschäfte:

- **Rechtsgeschäftliche Gestattung (oder Gen.!)** durch den Vertretenen
- **Gesetzliche Gestattung** z.B. gem. § 1009 II BGB
- Tätigwerden in **Erfüllung einer Verbindlichkeit,** § 181 a.E.

Ungeschriebene Ausnahme: Insichgeschäft bringt Vertretenem **lediglich rechtlichen Vorteil** ⇨ teleologische Reduktion des § 181, da Interessenkollision ausgeschlossen

Welche Rechtsfolgen hat das Fehlen der Vertretungsmacht für das Rechtsgeschäft?

**Rechtsgeschäft *schwebend* unwirksam, §§ 177 ff.
(Ausnahme: § 180)**

Geschäftsherr kann Geschäft durch **Genehmigung** an sich ziehen, § 177 I i.V.m. §§ 182, 184
⇨ ex-tunc Wirksamkeit des Rechtsgeschäfts

Geschäftsgegner kann zur Genehmigung auffordern, § 177 II ⇨ nach 2 Wochen ***Schweigen*** gilt dies als Verweigerung der Genehmigung, Geschäft dann endgültig unwirksam

§§ 75h, 91a HGB
Vertretergeschäft gilt als ***genehmigt***, wenn Geschäftsherr nicht *unverzüglich nach Kenntnis* der Vertretung gegenüber Drittem ablehnt

Wie haftet der Vertreter ohne Vertretungsmacht?
(sehr lehrreich BGH, Life&Law 2017, Heft 10)

Haftung des falsus procurator

↳ Basics Zivilrecht – Band I, Rn. 65

Verschuldensunabhängige, gesetzliche Garantiehaftung des „falsus procurator“ gem. § 179, wenn Rechtsgeschäft endgültig unwirksam; **Grund:** veranlasstes und enttäuschtes Vertrauen

- **§ 179 I**: falsus procurator haftet Vertragsgegner wahlweise auf Erfüllung oder SE (jeweils *positives* Interesse)
- **§ 179 II**: Haftung auf Vertrauensschaden (neg. Interesse), wenn falsus procurator Mangel der Vertretungsmacht **nicht kannte,** der Höhe nach begrenzt auf das (fiktiv) positive Interesse
- **§ 179 III**: *keine Haftung*
  - ↳ **S.1**: wenn Geschäftsgegner **nicht schutzwürdig** war (Kenntnis/ Kennenmüssen des Mangels der Vertretungsmacht)
  - ↳ **S.2**: **Minderjährigenschutz** ⇨ wenn beschränkt geschäftsfähigem Vertreter die Zustimmung seines gesetzlichen Vertreters fehlt

Muss der falsus procurator gem. § 179 I BGB auch haften, wenn der Dritte seine Forderung gegen den Geschäftsherrn wegen Vermögenslosigkeit nicht hätte durchsetzen können?

Haftung nach § 179 I bei Vermögenslosigkeit des Geschäftsherrn

(Str.), wenn Geschäftsgegner seinen Vertragsanspruch auch gegenüber Geschäftsgegner faktisch nicht hätte durchsetzen können *z.B. Vermögenslosigkeit des Vertretenen*

e.A.: § 179 I ist Garantiehaftung, für die es auf Verhältnisse des Geschäftsherrn nicht ankommt

a.A.: § 179 I ist Vertrauenshaftung ⇨ wäre Erfüllungsanspruch gegen Vertretenen nicht durchsetzbar, ist auch die Haftung des Vertreters auf Erfüllung/ SE ausgeschlossen

Welche Ansprüche können dem Dritten gegen den Geschäftsherrn beim Handeln eines falsus procurator zustehen?

Haftung des Geschäftsherrn

↳ BGB-AT I, Rn. 296

Keine rechtsgeschäftliche Berechtigung und Verpflichtung des Geschäftsherrn bei Handeln des falsus procurator (§§ 177 ff.)

Schadensersatzansprüche gegen den Geschäftsherrn durch § 179 I aber nicht ausgeschlossen

- gem. § 831 bei deliktischer Schädigung des Geschäftsgegners durch den falsus procurator in Funktion eines Verrichtungsgehilfen für den Vertretenen
- aus c.i.c., §§ 311 II, 280 I i.V.m. § 278, wenn falsus procurator als Erfüllungsgehilfe willentlich in Vertragsverhandlungen eingeschaltet wurde und hierbei Geschäftsgegner geschädigt wird (Zurechnung des Fremdverschuldens)
- aus c.i.c., §§ 311 II, 280 I für falsche Auswahl, fehlende Überwachung des f.p. (Haftung für Eigenverschulden)

Wo ist die Eigenhaftung des Vertreters aus c.i.c. geregelt und wann kommt sie in Betracht?

! Sog. Eigenhaftung des Vertreters

↳ Schuldrecht I, Rn. 204 ff.

Eigentlich Haftung des Vertreters aus c.i.c., § 311 II (-), da dieser nicht Partei des vorvertragl. Schuldverhältnisses ist!

§ 311 III: Eigenhaftung des Vertreters bei:

(Daneben auch Sachwalterhaftung erfasst, ***nicht*** *aber VSZGD)*

Inanspruchnahme **besonderen persönl. Vertrauens**, das Vertragsverhandlungen maßgeblich beeinflusst, § 311 III S.2

- *besondere Sachkunde/ Seriosität*
- *nicht bei Betreuer (§§ 1896 ff.), da öffentl. bestellt*

BGH vor SRR: Unmittelbarem **eigenen** wirtsch. **Interesse** am Vertragsschluss (Vertreter muss gleichsam in eigener Sache tätig sein). *Wohl auch heute erfasst (vgl. „insbesondere“)*

- *nicht bei Gesellschafter bzgl. Gesellschaftsgeschäften*
- *nicht bloßes Provisionsinteresse*

Nennen Sie drei Beispiele für den Schutz des Anfechtungsgegners vor der Anfechtung!

Schutz des Anfechtungsgegners, der auf Wirksamkeit der WE vertraut hat, durch:

- **Abschließende Anzahl von Anfechtungsgründen:** **§§ 119 I, II, 120, 123** ⇨ gewisse Rechtssicherheit, nicht jeder Motivirrtum berechtigt zur Anfechtung
- **Knapp bemessene Anfechtungsfrist**, **§ 121 I S.1**: Erklärung der Anfechtung ohne schuldhaftes Zögern (unverzüglich) ab Kenntnis des Anfechtungsgrundes (bzw. § 124 bei § 123)
- **Schadensersatzpflicht des Anfechtenden**, **§ 122** verschuldensunabhängig ⇨ wer Vertrauen in Wirksamkeit der WE hervorgerufen hat, haftet bei deren Nichtigkeit

Welche Rechtsfolgen hat die Anfechtung für das betroffene Rechtsgeschäft und welche Ausnahmen gibt es?

Rechtsfolge der Anfechtung

↳ Basics Zivilrecht – Band I, Rn. 111 ff.

Rechtsfolge = § 142 I: angefochtenes Rechtsgeschäft **ex-tunc nichtig**, als sei es nie vorgenommen worden (rechtsvernichtende Einwendung!)

Ausnahmen von ex-tunc Wirkung:

- fehlerhafter Gesellschaftsvertrag
- Fehlerhafter Arbeitsvertrag

⇨ Rückabwicklung nach §§ 812 ff. problematisch und v.a. wegen eventueller Berufung auf Entreicherung, § 818 III oft unbillig ↳ zum Schutz der Gesellschaftsgläubiger bzw. des Arbeitnehmers Auflösung der Gesellschaft gem. § 723 I S.2 bzw. des Arbeitsverhältnisses durch Kündigung mit ex-nunc Wirkung

Kann ein bereits nichtiges Rechtsgeschäft angefochten werden?

Lehre von der „Doppelnichtigkeit“: Anfechtung nicht dadurch ausgeschlossen, dass Rechtsgeschäft bereits aus anderem Grund nichtig ist; **h.M.:** Nichtigkeit des Rechtsgeschäfts bedeutet lediglich Nichtgeltung im Hinblick auf *bestimmten* Nichtigkeitsgrund ⇨ Anfechtung möglich!

Bedeutung d. Anfechtung nichtiger Rechtsgeschäfte:

- Zerstörung der Gutgläubigkeit beim Dritterwerber im Hinblick auf §§ 142 II, 932 II (Dritter kennt Anfechtbarkeit bzw. muss sie kennen)
- Anfechtender kann sich SE-Pflicht nach § 122 durch erneute Anfechtung wg. § 123 entziehen

17-jähriger V verkauft und veräußert Buch an K,
wobei K arglistig täuscht;
K verkauft an D weiter.
Herausgabeanspruch V gegen D
aus § 985 BGB?

V gegen D aus § 985 BGB?

einzig problematisch: V Eigentümer oder Eig. an D verloren?

- Übereignung V an K wg. § 107 unwirksam
- K damit Nichtberechtigter; D hat evtl. gutgl. vom nichtberechtigten K Eigentum erworben, §§ 929 S.1, 932 I S.1
- guter Glaube des D, wenn er von Veräußerung V an K weiß?

D kannte Minderjährigkeit des V bzw. musste sie kennen	D kannte Minderj. des V nicht u. musste sie auch nicht kennen
D kennt daher Nichtberechtigung des K, guter Glaube i.S.v. § 932 II (-)!	D grds. gutgläubig. **Aber:** kennt D die Anfechtbarkeit der Übereignung V/K wg. § 123 **und** ficht V an: böser Glaube wg. § 142 II (ebenso bei grob fahrlässiger Unkenntnis)

Ist die Anfechtung nur eines Teiles des Rechtsgeschäfts möglich?

Teilanfechtung grundsätzlich möglich, unter folgenden **Voraussetzungen**:

- vollständige Beseitigung des Rechtsgeschäfts nicht gewollt
- Rechtsgeschäft muss teilbar sein (entspr. § 139: Restgeschäft wirksam und vom hypothetischen Parteiwillen gedeckt!)

Sonderproblem: Anfechtung des *gesamten* Rechtsgeschäftes, obwohl sich Irrtum nur auf einen *Teil* davon bezieht:
↳ **Wahlrecht des Anfechtungsgegners:** Anfechtender muss sich nach § 242 an dem festhalten lassen, was er gewollt hat ⇨ **Vollanfechtung** dann **nicht möglich**, (Rest-) Vertrag bleibt bestehen

z.B.: Mieter versteht anstatt 300 € Mietzins **200 €**; kann nach § 119 I Alt. 1 anfechten, Mietvertrag über 200 € bleibt aber bestehen!

Welche Rechtsgeschäfte können mit welcher Folge evtl. angefochten werden, wenn V dem K eine Uhr verkauft und übereignet hat?

Anfechtbarkeit

↳ BGB-AT III, Rn. 426

Anfechtbarkeit des:

Verpflichtungsgeschäfts

z.B. K hat V versehentlich einen falschen Kaufpreis genannt: Erkl.Irrtum des K, § 119 I Alt. 2

↓

Rückübereignungsanspruch aus § 812 I S.1 Alt 1

Verfügungsgeschäfts

z.B. K hat sich vergriffen und V eine andere als die verkaufte Uhr übereignet: Erkl.Irrtum des K bzgl. VerfGeschäft, § 119 I Alt. 2

↓

Rückgabeanspruch aus § 985

Anfechtung gem. § 123 oder § 119 II sowohl für Verpflichtungs- als auch für Verfügungsgeschäft denkbar („**Fehleridentität**")! U.U. auch bei § 119 I: z.B. Irrtum über den Vertragspartner, nicht bei Kaufpreis!

Nennen Sie die Voraussetzungen einer wirksamen Anfechtung!

Voraussetzungen der Anfechtung

(1)	Irrtum/Täuschung	§§ 119-123 (Besonderheiten im ErbR: §§ 2078 f.)
()	Kausalität	Irrtum/Täuschung kausal für WE
(3)	Anfechtungserklärung	§§ 104 ff. gelten
(4)	Richtiger Anfechtungsgegner	§ 143; bei empfangsbedürftigen WE'en ggü. Erklärungsempfänger, § 143 II, III
(5)	Anfechtungsfrist	§§ 121, 124; § 2082
(6)	Kein Ausschluss	§ 144; auch § 242

Welche zwei Arten von Willensmängeln können zur Anfechtung führen?

Willensmängel

Basics Zivilrecht – Band I, Rn. 92

Fehler bei der:

Willensäußerung

- Inhaltsirrtum, § 119 I Alt. 1
- Erklärungsirrtum, § 119 I Alt. 2
- Übermittlungsirrtum, § 120 (Sonderfall des Erklärungsirrtums)
- § 2078 I

Auslegung *vor* Anfechtung, §§ 133, 157 bei Feststellung, ob überhaupt Inkongruenz von Wille und Erklärung (= Irrtum) gegeben ist

Willensbildung

- Eigenschaftsirrtum, § 119 II (als ausnahmsw. beachtl. Motivirrtum)
- Anfechtung wegen arglistiger Täuschung oder widerrechtlicher Drohung, § 123
- § 2078 II: Bei Testamentsanfechtung jeder Motivirrtum beachtlich

Nennen Sie den Unterschied zwischen einem Inhalts- und einem Erklärungsirrtum!

Inhaltsirrtum, § 119 I 1.Alt.	Erklärungsirrtum, § 119 I 2.Alt.
Erklärender irrt über die Bedeutung des gesetzten Erklärungszeichens („Erklärender weiß was er sagt, aber nicht, was er *damit* sagt“)	Der Erklärende setzt ein *anderes* Erklärungszeichen, als er beabsichtigt hat („Erklärender weiß nicht, *was* er sagt“)

z.B. Bestellung von 10 Gros Rollen Papier (= ***1440*** *Rollen) in der Annahme, es handele sich um* ***10*** *große Rollen*

z.B. K trägt in Kaufvertrag statt 500.- € irrtümlich 5000.- € ein

Aus welchen Elementen setzt sich das Erfordernis der Kausalität bei Inhalts- / Erklärungsirrtümern zusammen?

Kausalität zwischen Irrtum und Abgabe der konkreten Willenserklärung

Subjektive Erheblichkeit

(+), wenn Erklärender „*bei Kenntnis der Sachlage*" die konkrete WE **nicht** bzw. **nicht so** abgegeben hätte

\+

Objektive Erheblichkeit

(+), wenn Erklärender „*bei verständiger Würdigung des Falles*", also frei von Launen oder törichter Anschauungen die Erklärung **nicht** bzw. **nicht so** abgegeben hätte

Kann ein Irrtum über die Rechtsfolge zu einer Anfechtung i.S.d. § 119 I Alt. 1 BGB berechtigen?

Irrtum über rechtsgeschäftliche Folgen

Erklärender irrt darüber, welche Folgen unmittelbar durch das Rechtsgeschäft herbeigeführt werden sollen = Irrtum über Inhalt der WE, Anfechtung wg. **Inhaltsirrtums** (+)!

↕

Irrtum über gesetzliche Folgen

Erklärender irrt über Rechtsfolgen seiner Willenserklärung, die sich aus dem Gesetz ergeben; **unbeachtlicher Motivirrtum**, Anfechtung wg. Inhaltsirrtums (-)!
(z.B.: Verkäufer denkt, ein Gewährleistungsrecht gebe es nach deutschem Recht nicht)

Was versteht man unter einem Kalkulationsirrtum? Zwischen welchen Formen ist zu unterscheiden?

Kalkulationsirrtum

↳ Basics Zivilrecht – Band I, Rn. 98 f.

Kalkulationsirrtum (KI) = Irrtum über einen Umstand (Rechnungsfaktor), der den Berechnungen des Irrenden zugrunde gelegt ist

Interner KI:	Externer KI:
Berechnungsgrundlage wird nicht offengelegt; Irrender teilt nur das *Ergebnis* seiner Berechnungen mit.	Berechnungsgrundlage wird offengelegt
z.B.: Als fester Werklohn werden 500 € vereinbart. Dabei war Werkunternehmer von 30 Std. zu je 20 € ausgegangen, ohne dies mitzuteilen.	z.B.: Werkunternehmer schreibt in seiner WE: „30 Std. je 20 €, also 500 €.“

Berechtigen Kalkulationsirrtümer zur Anfechtung nach den §§ 119 ff. BGB?

Kalkulationsirrtum = Anfechtungsgrund?

Externer KI	Interner KI
• zunächst: häufig hilft **Auslegung**, §§ 133, 157 • WE i.d.R. nicht **perplex** und damit nichtig • Fehler bei Willensäußerung, **§ 119 II** passt daher nicht	• §§ 119 ff. direkt (-) • Sonderfall: Erklärungsgegner hat erkannt, dass Berechnung nicht stimmen kann: dann soll Anfechtung nach § 119 I Alt. 1 analog möglich sein (str., M.M.)
• RG wollte **§ 119 I Alt. 1** anwenden, da Berechnungsgrundlage zum Inhalt der WE gemacht wurde **Kritik:** WE umfasst nur das *Ergebnis* der Berechnung!	**Kritik:** Anfechtbarkeit ist in den §§ 119 ff. *nicht* davon abhängig, ob Erklärungsgegner Willensmangel erkannt hat! Kenntnis erst auf Rechtsfolgenseite relevant (BGH)

Wie kann demjenigen, der einem Kalkulationsirrtum unterliegt, geholfen werden, wenn man eine Anfechtbarkeit seiner WE nicht zulässt?

Da alle anderen Wege, sich vom Vertrag zu lösen, ausscheiden, kann auf **§ 313** (Störung d. Geschäftsgrundlage) zurückgegriffen werden:

Vorteil: im „normativen Element" Berücksichtigung aller Umstände des Einzelfalles möglich:

- wer trägt Risiko der Falschberechnung? Grds. der Erklärende
- Kannte der Erklärungsgegner den Irrtum oder hat er sich treuwidrig vor der Kenntnis verschlossen?
- Ist ein Festhalten am tatsächlich Erklärten für den Irrenden noch zumutbar? (wirtschaftl. Erwägungen)

Rechtsfolge: je nach Interessen im Einzelfall: Vertragsanpassung oder Vertragsaufhebung

Wie ist der Übermittlungsirrtum gem. § 120 BGB zu behandeln?

Übermittlungsirrtum

↳ BGB-AT III, Rn. 466

Übermittlungsirrtum = Unterfall d. Erklärungsirrtums, § 119 I Alt. 2

⇨ Erklärender trägt Risiko der Falschübermittlung durch Boten, wird aber so gestellt, als hätte er sich bei übermittelter Erklärung **selbst versprochen** und kann anfechten (auch bei Übermittlung an falschen Adressaten)

§ 120 (-), wenn

- Bote **bewusst** falsch übermittelt: dann wie falsus procurator zu behandeln, §§ 177 ff. gelten analog
- nicht Erklärungsbote sondern **Vertreter** handelt: dann keine Übermittlung einer *fremden* Willenserklärung, sondern Abgabe einer *eigenen*. Willensmängel des Vertreters berechtigen allerdings über § 166 I zur Anfechtung!

Wie definiert die h.M. den Begriff der Eigenschaft i.S.d. § 119 II BGB?

Eigenschaften...

...einer Person oder Sache sind neben den auf der **natürlichen Beschaffenheit** beruhenden Merkmalen auch die **tatsächlichen oder rechtlichen Verhältnisse** und Beziehungen zur Umwelt, soweit sie nach der Verkehrsanschauung für die Wertschätzung oder Verwendbarkeit von Bedeutung sind („wertbildende Faktoren")

- BGH: Merkmale müssen der Person / Sache **unmittelbar anhaften** (nicht z.B.: Mieterträge als Eigenschaft d. Grundstückes oder der Hypothek); Lösung aber über § 313 häufig möglich!
- Identitätsirrtum (statt Eigenschaftsirrtum) über Person nach § 119 I Alt. 1 anfechtbar
- nie der **Wert** einer Sache selbst; ist nur Summe der wert*bildenden* Faktoren!

Wie bestimmt sich die Verkehrswesentlichkeit einer Eigenschaft i.S.d. § 119 II BGB?

Verkehrswesentlichkeit i.S.d. § 119 II

Frühere h.M.:
bestimmt sich nach der **objektiven Theorie** unabhängig vom konkreten Geschäft

Heute: Lehre vom **geschäftl. Eigenschaftsirrtum**

- Eigenschaft muss im konkreten Rechtsgeschäft **als wesentlich vereinbart** worden sein (auch konkludent)
- ausreichend soll auch sein, dass konkrete Eigenschaft bei entsprechenden Verträgen **üblicherweise erwartet** werden darf

Schließen die §§ 434 ff. BGB die Anfechtung des Käufers nach § 119 II BGB aus und wenn ja, ab welchem Zeitpunkt?

Verhältnis des § 119 II zu §§ 434 ff.

↳ Schuldrecht II, Rn. 396 ff.

Anfechtung nach § 119 II wg. eines Sachmangels i.S.v. § 434 ausgeschlossen, denn:

- ansonsten Umgehung d. kurzen Verjährung des § 438 I Nr. 3
- ansonsten Umgehung des § 442 I S.2, da Anfechtbarkeit auch bei grob fahrl. Unkenntnis des Mangels möglich;
- ansonsten Umgehung d. Vorrangs der Nacherfüllung, § 439

Problem: Zeitpunkt?

Rspr.	h.L.
Rspr.: ab Gefahrübergang, vorher greifen §§ 434 ff. nicht, können also § 119 II BGB nicht verdrängen	h.L.: ab Abschluss des KV; Verkäufer muss Recht haben, Mangel bei Vertragsschluss bis Gefahrübergang beseitigen zu können

Wie ist das Konkurrenzverhältnis zwischen § 119 II BGB und den Gewährleistungsvorschriften des Miet-, Werk- und Reisevertragsrechts zu lösen?

- **Mietvertrag:** (h.M.) § 119 II wg. Mangel der Mietsache ausgeschlossen: §§ 543 bzw. 569 als Sondervorschriften im Hinblick auf Vertragsauflösung

- **Werkvertrag:** § 119 II ausgeschlossen bei Mangel des Werkes (wie Kaufrecht): Vorrang der Mängelbeseitigungsmöglichkeit, § 634

- **Reisevertrag:** § 119 II ausgeschlossen (wie bei WerkV): Vorrang Abhilfemöglichkeit, § 651k I S.1 u. der kurzen Verjährung § 651j

Kann der Verkäufer eines Bildes anfechten, wenn er es aufgrund eines Irrtums über den wahren Urheber, dem auch der Käufer unterlegen war, weit unter Wert verkauft hat?

Beiderseitiger Motivirrtum

↳ BGB-AT III, Rn. 481

Behandlung des beiderseitigen Motivirrtums strittig:

„Leibl" - Fall

e.A.	a.A.
e.A.: Anwendung des § 313 **Störung der Geschäftsgrundlage**, nicht § 119 II Grund: es beruht auf **Zufall** wer zuerst anficht und somit gem. § 122 schadensersatzpflichtig (negatives Interesse) wird	**a.A.:** es wird gerade derjenige anfechten, zu dessen Nachteil die Wirklichkeit von der gemeinsamen Vorstellung abweicht ⇨ nicht unbillig, wenn dieser für Vorteil der Anfechtung **Ersatz des negativen Int.** leistet
⇨ *Nach § 313 Vertragsanpassung oder Vertragsaufhebung*	⇨ *Verkäufer kann anfechten, leistet aber SE, § 122, MängelR (des Käufers!) steht nicht entgegen, da **Verkäufer** anficht!*

Nennen Sie die Voraussetzungen des Anfechtungsgrundes der arglistigen Täuschung i.S.d. § 123 I Alt. 1 BGB!

Voraussetzungen:

Merkhilfe: § 123 I Alt. 1 mit ähnlicher Struktur wie § 263 StGB

- **Täuschungshandlung**: jedes *widerrechtliche* (ungeschriebenes Tatbestandsmerkmal) Handeln oder Unterlassen
- Dadurch entstandener **Irrtum** ← Kausalität
- Irrtumsbedingte **Abgabe einer WE** ← Kausalität
- **Arglist**: wissentliches und willentliches Verursachen der Abgabe der täuschungsbedingten WE *(entspricht etwa Vorsatz i.R.d. § 263 StGB)*

Inwiefern ist das ungeschriebene Tatbestandsmerkmal der „Widerrechtlichkeit" bei § 123 I Alt. 1 BGB von Bedeutung?

Arglistige Täuschung grds. immer auch widerrechtlich

Ausnahme: wenn gestellte Frage *unzulässig* ist:

↳ Recht, die Antwort zu verweigern
↳ (notwehrähnl.) **Recht auf Lüge**, dann: keine Rechtswidrigkeit der Täuschung

z.B. bei Einstellungsgespräch: Fragen unzulässig, die die Privatsphäre des AN ausforschen, ohne dass der AG berechtigtes Interesse hieran hätte, v.a.:

- *Frage nach Schwangerschaft (Ausnahme: obj. Nichteignung, z.B. Tänzerin)*
- *Frage nach bestimmten Vorstrafen*
- *Frage nach politischer Einstellung (Ausnahme: bei sog. „Tendenzbetrieben")*

Fallen Behauptungen „ins Blaue hinein“ unter den Begriff der Arglist i.S.d. § 123 I Alt. 1 BGB?

Arglist i.S.d. § 123 I Alt. 1 BGB

↳ Basics Zivilrecht – Band I, Rn. 106

Arglist: Täuschender muss Unrichtigkeit seiner Angaben kennen und wollen, dass der andere dadurch zur Abgabe einer WE bestimmt wird (dolus eventualis ausreichend)

↓

Ebenso bei Behauptungen, die in bewusster Unkenntnis von Tatsachen aufgestellt werden und sich später als unrichtig erweisen („**ins Blaue**")

! Bereicherungs- oder Schädigungsabsicht *nicht* erforderlich !

Wer ist „Dritter“ i.S.d. § 123 II S.1 BGB?
Rechtsfolge?

Dritter ist, wer nicht im „Lager" des Erklärungsempfängers steht.

Rechtsfolge: Anfechtungsgrund nur, wenn Erkl.Empfänger (bzw. Begünstigter i.S.d. § 123 II S.2) Täuschung kannte / kennen musste)

Nichtdritter:

- Personen, die auf Seiten des Erklärungsempfängers stehen und maßgeblich am Zustandekommen des Vertrages mitgewirkt haben (v.a.: Stellvertreter, Verhandlungsgehilfen...)
- jedenfalls: Personen, deren *Verschulden* sich der Erklärungsempfänger **zurechnen** lassen *müsste*, § 278

Rechtsfolge: § 123 I gilt; auf Kenntnis / Kennenmüssen des Erklärungsempfängers kommt es nicht an!

Wann liegt eine widerrechtliche Drohung i.S.d. § 123 I Alt. 2 BGB vor?

Widerrechtliche Drohung

↳ Basics Zivilrecht – Band I, Rn. 108

Drohung: Inaussichtstellen eines künftigen Übels... → ...auf dessen Eintritt der Drohende Einfluss zu haben vorgibt

↳ psychische Zwangslage; diese kausal für konkrete WE

Widerrechtlichkeit der Drohung (alternativ) bei:

Widerrechtlichkeit des Mittels
Drohung mit rechtswidrigem Verhalten (z.B. Drohung mit Schlägen)

Widerrechtlichkeit des Zwecks
Rechtswidrigkeit des erstrebten Erfolgs (Bedrohter soll eine Straftat begehen)

Widerrechtlichkeit der Zweck-Mittel-Relation
Mittel und Zweck für sich genommen rechtmäßig; Einsatz dieses Mittels zu diesem Zweck verstößt jedoch gegen allgem. Anstandsgefühl

Kann eine Vertragspartei, wenn sie das Verpflichtungsgeschäft nach § 119 II BGB anfechten kann, aus gleichem Grunde das Verfügungsgeschäft anfechten?

Auch das Verfügungsgeschäft kann angefochten werden, wenn sich Anfechtungsgrund auch auf dieses bezieht, „**Fehleridentität**“ (bei § 123 i.d.R. (+), manchmal bei § 119 I)

(str.) bei 119 II:

e.A.: Erstreckung des Irrtums auf dingl. Einigung nur, wenn schuldrechtliches und dingliches Geschäft in einem Willensakt **zusammenfallen**

h.M: Irrtum muss ***auch*** für die Abgabe der *dinglichen* Einigungserklärung mitbestimmend (kausal) gewesen sein; zeitliches Element irrelevant. Damit Anfechtung nach § 119 II i.d.R. (+)

Sind neben § 123 BGB Ansprüche aus c.i.c (§ 311 II, 280 I BGB) oder den §§ 823 ff. BGB anwendbar?

Verhältnis § 123 **zu:**

c.i.c., §§ 280 I, 311 II auf Vertragsaufhebung, § 249 I

- **Pr:** Gefahr: strenge Anforderungen an Beseitigung d. Vertrages (Arglist/§ 124 bzw. Fahrlässigkeit/§§ 195,199) werden durch c.i.c. unterlaufen.
- **Lit.:** c.i.c. ist daher gesperrt (vgl. Life&LAW 2007, 562 ff.)
- **Rspr.** (+) da Verfolgung **verschiedener Schutzzwecke**: § 123: Entschließungsfreiheit; c.i.c.: Vermögensschutz, Vermögensschaden für Vertragsaufhebung gem. §§ 280 I, 311 II, 249 I erforderlich

§§ 823 ff.

- verschiedene **Schutzzwecke**: §§ 823 ff. setzen Schaden voraus, § 123 gerade nicht
- § 124 hat keinen Vorrang vor § 852, denn: Begünstigung gegenüber *rein* deliktisch Haftendem nicht gerechtfertigt!

Kann Schweigen, das ausnahmsweise Erklärungswirkung hat, angefochten werden?

Anfechtbarkeit des Schweigens mit ..

... Ablehnungswirkung: (-)	... Zustimmungswirkung: (+)
z.B. §§ 108 II S.2, 177 II S.2, 415 II S.2	z.B. §§ 416 I S.2, 455 S.2, 516 II S.2
↓	↓
Anfechtung macht keinen Sinn, denn Anfechtung eines „Nein" führt nicht zu einem „Ja"	Anfechtbarkeit (+), da Schweigender an Schweigen nicht stärker gebunden sein soll als an ausdrückliches „Ja"
⇨ *„Ja" wäre in gesetzlich geregelten Fällen ohnehin verfristet*	⇨ *nur bei Irrtum über **Inhalt** des Rechtsgeschäfts, nicht über **Bedeutung** des Schweigens*

In welcher Höhe wird der durch die Anfechtung verursachte Schaden ersetzt, § 122 I BGB?

↳ Schadensersatzrecht I, Rn. 177

§ 122: ersetzt wird durch Vertrauen in die Willenserklärung entstandener Schaden (verschuldensunabhängig, sog. Veranlasserhaftung)

In Höhe des:

Negativen Interesses

Geschädigter ist so zu stellen, wie wenn er vom Geschäft „nichts gehört hätte"

begrenzt durch:

Erfüllungs-interesse

Geschädigter soll nicht besser stehen als bei ordnungsgemäßer Erfüllung

Welchen Zweck verfolgen die §§ 305 – 310 BGB?

Zweck: Einschränkung der vom Verwender zur Interessendurchsetzung einseitig in Anspruch genommenen **Vertragsgestaltungsfreiheit** …

…zur **Wiederherstellung von Vertragsgerechtigkeit,** die durch AGB ausgehebelt werden könnte

⇨ Versuch eines differenzierten Ausgleichs zwischen Interessen des Verwenders und dem Schutzbedürfnis des (meist wirtschaftlich unterlegenen) Vertragspartners

Wo waren die §§ 305 ff. BGB früher geregelt und welches Gesetz ist daneben noch zu beachten?

↳ BGB-AT I, Rn. 299a f.

§§ 305 ff. früher im **AGB-Gesetz** geregelt. Seit 2002 Eingliederung in BGB, um seinen Rang als zentrale Zivilrechtskodifikation zu sichern und um Rechtslage für juristischen Laien übersichtlicher zu gestalten.

Inhaltliche Änderungen (nur sehr wenige):

- § 305 II Nr. 2: Kenntnisverschaffung für körperlich Behinderte
- § 307 I S.2: Kodifizierung des Transparenzgebotes
- § 310 IV: Ausweitung des Anwendungsbereichs auf das Arbeitsrecht

Frühere §§ 13 - 22a AGBG in gesondertem „Gesetz über Unterlassungsklagen bei Verbraucherrechts- und anderen Verstößen (**UKlaG**)" normiert.

Inhalt: Regelung der Klagemöglichkeit von Verbraucherschutzorganisationen

Welche positiven Voraussetzungen müssen gegeben sein, damit begrifflich AGB vorliegen?

§§ 305 ff. nur anwendbar, wenn es sich überhaupt um AGB handelt

AGB = für Vielzahl von Verträgen vorformulierte Vertragsbedingungen, die eine Vertragspartei (= Verwender) der anderen bei Abschluss des Vertrages stellt, vgl. § 305 I S.1

Vorformulierte Vertragsbedingungen
(Erweiterung auf bestimmte einseitige rechtsgeschäftliche Erklärungen möglich)

Für Vielzahl von Verträgen
(Untergrenze 3-5 *geplante* Verwendungen, §§ 305 ff. gelten aber schon ab *erster* Verwendung)

Veranlassung der Einbeziehung durch Verwender
(= "Stellen")

(Fiktion des § 310 III Nr. 1 beachten!)

Wann sind AGB vorformuliert i.S.d. § 305 I S.1 BGB?

↳ BGB-AT I, Rn. 308

Vorformuliert

Eigene Vorformulierung **nicht** nötig, Verwendung von **Musterverträgen** möglich (gleiche Schutzbedürftigkeit des Vertragspartners)

Betroffene Vertragsteile werden **nicht ad hoc** formuliert, sondern sind als Grundlage für gleichartige Rechtsverhältnisse mit verschiedenen Kunden aufgestellt

Kann schriftlich oder durch jede anderweitige **Fixierung** geschehen (z.B. auf Diskette)

Wann liegt ein „Stellen" i.S.d. § 305 I S.1 BGB vor?

„Stellen" der AGB

↳ BGB-AT I, Rn. 312 ff.

Veranlassung der Einbeziehung durch den Verwender („Stellen") **(+)**, wenn eine Partei die Einbeziehung der vorformulierten Vertragsbedingungen verlangt, also ein konkretes Einbeziehungsangebot macht

Nicht erforderlich ist, dass AGB dem Kunden auferlegt, d.h. einseitig durchgesetzt werden!

⇨ *„Stellen" entfällt nicht schon dann, wenn Formulartext die Aufforderung zur Änderung oder Streichung enthält*

⇩

„Stellen" von **einer** Vertragspartei erforderlich ⇨ (-), wenn:

- AGB von unbeteiligtem Dritten vorgeschlagen
- Einbeziehungsvorschlag von beiden Seiten einvernehmlich gemacht

Wann liegt ein „Aushandeln“ i.S.d. § 305 I S.3 BGB vor?

Individualvereinbarung, § 305 I S.3

↳ BGB-AT I, Rn. 316 f.

AGB **(-)**, wenn Vertragsbedingung *ausgehandelt* wurde, § 305 I S.3

↓

Mehr als nur *Ver*handeln; Verwender muss Bedingung **ernsthaft zur Disposition** stellen

⇨ Kunde muss reale Möglichkeit haben, Inhalt der Bedingung zu beeinflussen!

Wie ist bei der Prüfung der Wirksamkeit von AGB vorzugehen?

Prüfungsaufbau

↳ Basics Zivilrecht – Band I, Rn. 66 ff.

Anwendbarkeit der §§ 305 ff.

- § 305 I Begriff d. AGB, §§ 310 I, II, IV persönlicher und sachlicher Anwendungsbereich

Wirks. Einbeziehung

- Einbeziehung gem. § 305 II, III ; Keine überraschenden Klauseln, § 305c I

Auslegung

- § 305b Vorrang d. Individualabrede, § 305c II Unklarheitenregel + §§ 133, 157, 242 BGB

Inhaltskontrolle

- Reihenfolge d. Überprüfung:

§ 309 ⇨ § 308 ⇨ § 307 II ⇨ § 307 I

Wie schränkt § 310 BGB den Anwendungsbereich der §§ 305 ff. BGB ein?

Sachlicher Anwendungsbereich, § 310 IV	Persönlicher Anwendungsbereich, § 310 I, II
• Keine Anwendung bei Verträgen auf Gebiet d. Familien-, Erb- und Gesellschaftsrechts **!** Auf *Arbeitsrecht* grds. anwendbar **!** • u.U. aber richterliche Billigkeitskontrolle über §§ 242, 315 (über die dann evtl. Wertungen der §§ 305 ff. herangezogen werden können) bei *Gesellschaftsverträgen*	• Bei AGB **gegenüber** Unternehmern i.S.d. § 14 (gewerblich und selbständig beruflich Tätige) finden §§ 305 ff. nur **eingeschränkt** Anwendung (ebenso für juristische Personen des öfftl. Rechts und öfftl.- rechtliche Sondervermögen) • Über § 310 I S.2 aber Inhaltskontrolle nach § 307 unter Einfließen der Wertungen der §§ 309, 308

Was sind die Voraussetzungen einer wirksamen Einbeziehung der AGB i.S.d. § 305 II BGB?

Voraussetzungen der Einbeziehung, § 305 II

- Deutlicher **Hinweis** des Verwenders auf seine AGB bei Vertragsschluss, § 305 II Nr.1
  Deutlich sichtbarer Aushang am Ort des Vertragsschlusses genügt, § 305 II Nr. 1 Alt. 2

- **Möglichkeit** für andere Vertragspartei, vom Inhalt der AGB **Kenntnis zu nehmen**, § 305 II Nr. 2
  Rücksichtnahme auf körperliche Behinderungen!
  (*Vorlage unter Anwesenden / Bei telefonischer Einbeziehung abdingbar*)

- **Einverständniserklärung** der anderen Vertragspartei, § 305 II a.E., auch konkludent durch schlüssiges Verhalten möglich

Ist eine wirksame Einbeziehung von AGB auch bei telefonischem Vertragsschluss möglich?

Telefonische Einbeziehung von AGB

↳ BGB-AT I, Rn. 323

Das Problem bei Vertragsschluss am Telefon (= unter Abwesenden) ist die Einhaltung des § 305 II Nr. 2, da Möglichkeit der tats. Kenntnisnahme nicht besteht ⇨ Einbeziehung (-)?

e.A.: Möglichkeit der Kenntnisnahme **unverzichtbar** ⇨ notfalls Vorlesen am Telefon, sonst keine wirksame Einbeziehung

h.M.: aus Praktikabilitätsgründen darf § 305 II Nr. 2 die Möglichkeit eines fernmündlichen Vertragsschlusses nicht verhindern ⇨ auf § 305 II Nr. 2 kann folglich (einverständl.) **verzichtet** werden; ausreichender Schutz durch § 305c I (Verlesung der AGB am Telefon unpraktikabel / Verbraucher muss auf seinen Schutz verzichten können)

Was gilt bei beiderseitiger Verwendung sich widersprechender AGB?

Kommt häufig im kaufmännischen Verkehr vor: Beide Seiten versuchen, ihre AGB in Vertrag einzubeziehen

Frühere Rspr.: ändernde Annahme des Angebots; gem. § 150 II Ablehnung und neues Angebot ⇨ widerspruchslose Entgegennahme dann = Annahme ⇨ derjenige, der am längsten neu anbietet, setzt *seine* AGB durch (sog. *Theorie des letzen Wortes*)

⇔

Heute: 150 II (-), da nicht einzusehen, dass einer Person, die zuvor eindeutig *entgegenstehenden* Willen geäußert hat, nun eine konkludente WE untergeschoben wird; letztlich würde vom Zufall abhängen, *wessen* AGB gelten: unbillig!

⇩

Sich widersprechende AGB gelten nicht, Vertrag aber **im Übrigen wirksam** (keine Nichtigkeit wg. Dissens!); Lückenschließung durch dispositives GesetzesR, § 306 II!

Wann ist eine Klausel „überraschend“ i.S.v. § 305c I BGB?

Überraschend = Klausel nach den Umständen so außergewöhnlich, dass der Kunde mit ihr keinesfalls zu rechnen brauchte ⇨ **Überrumpelung** / Übertölpelung

Maßgebl. Umstände: • äußeres Erscheinungsbild • vorangegangene Vertragsverhandlungen • evtl. Unüblichkeit für jeweiliges Vertragsverhältnis	Abstellen auf Verständnismöglichkeit d. regelmäßig zu erwartenden **Durchschnittskunden**	nicht mit § 307 (insbes. § 307 I S.2) verwechseln: bei § 307 geht es um unangemessene, nicht um überraschende Klauseln!

z.B. Kauf eines Autos mit Verpflichtung zum Kauf eines Anhängers

Wie unterscheidet sich § 305b BGB von § 305 I S.3 BGB?

Verhältnis § 305b zu § 305 I S.3

↳ BGB-AT I, Rn. 332

§ 305b
gibt individueller Vertragsabrede **Vorrang** vor *bestehenden* AGB

⇨ bei direktem Widerspruch relevant

Ebenso bei *mittelbarem* Widerspruch, da im Ergebnis auch hier AGB aufgehoben / eingeschränkt würden

⟺

§ 305 I S.3
stellt fest, ob *überhaupt* AGB vorliegen

⇨ (-) z.B. bei vertraglichem Aushandeln der Klausel

Was regelt § 307 III BGB?

§ 307 III BGB
Inhaltskontrolle nach §§ 307 I, II, 308, 309 *nur*, wenn durch AGB von gesetzl. Regelung abgewichen wird

*z.B. (-) bei bloßer **Beschreibung der Hauptleistungspflicht** (z.B. Baubeschreibung beim WerkV), denn: hierzu keine gesetzl. Regelungen vorhanden! Vgl. zu Bedingungen in Kundenbindungsprogrammen BGH, Life&LAW 2015, 238 ff.*

! Am Transparenzgebot i.S.d. § 307 I S.2 sind gem. § 307 III S.2 auch solche Klauseln in AGB zu messen, die inhaltlich *nicht* von gesetzlichen Regelungen abweichen**!**

In welcher Reihenfolge erfolgt die Inhaltskontrolle von AGB nach §§ 307 - 309 BGB?

Prüfungsreihenfolge der §§ 307 ff.

↬ Basics Zivilrecht – Band I, Rn. 72

I. Klauselverbote ohne Wertungsmöglichkeit, **§ 309**
⇨ absolute Unzulässigkeit der AGB

⇩

II. Klauselverbote mit Wertungsmöglichkeit, **§ 308**
⇨ Entscheidungsspielraum bei Bewertung

⇩

III. Generalklausel, **§ 307**
⇨ als Auffangtatbestand (**Abs. 2 vor Abs. 1** prüfen)

Wie ist zwischen pauschaliertem Schadensersatz i.S.v. § 309 Nr. 5 BGB und Vertragsstrafe i.S.v. § 309 Nr. 6 BGB abzugrenzen?

Schadenspauschalierung	Vertragsstrafe
Zulässig unter bestimmten Voraussetzungen, § 309 Nr. 5	Grundsätzlich *un*zulässig, § 309 Nr. 6
Zweck: Vereinfachte Durchsetzung eines als bestehend vorausgesetzten Anspruches • **Beweiserleichterung**, da Schadensnachweis nicht mehr geführt werden muss	**Zweck**: Sicherung der Erfüllung der Hauptverbindlichkeit • zusätzliches **Druckmittel** in Form eines eigenständigen Anspruchs

Wird durch § 309 Nr.7 BGB ein Haftungsausschluss für Vorsatz und Fahrlässigkeit des Verwenders oder des Erfüllungsgehilfen durch AGB verhindert?

Vorsatz des Verwenders

Ausschluss der Haftung für Vorsatz schon nach **§ 276 III BGB** unzulässig

Deshalb Unzulässigkeit nicht in § 309 Nr. 7 erwähnt

Vorsatz des Erfüllungsgehilfen

Ausschluss der Haftung für Vorsatz nach § 309 Nr. 7 unzulässig

§ 276 III findet wegen § 278 S.2 keine Anwendung

Schon bei **einfacher Fahrlässigkeit** des Verwenders/ Erfüllungsgehilfen kann Ausschluss der Haftung nach § 309 Nr. 7a) unzulässig sein (vgl. KK Nr. 94)

Welcher Fahrlässigkeitsmaßstab gilt im Rahmen des § 309 Nr. 7 BGB für eine Unwirksamkeit des Haftungsausschlusses?

Unwirksamkeit des Haftungsausschlusses / der Haftungsbegrenzung für

Einfache Fahrlässigkeit bei

Verletzung von **Leben**, **Körper**, **Gesundheit**, § 309 Nr. 7a)

Grobe Fahrlässigkeit bei

Sonstige Schäden, § 309 Nr. 7b)

Ausnahmen zu § 309 Nr. 7 a), b) vgl. § 309 Nr. 7 a.E.

Auf welche Art von Verträgen findet § 309 Nr. 8 b) BGB Anwendung?

Schutzzweck: § 309 Nr.8 b) will Kunden vor Aushöhlung gesetzlicher oder vertraglicher Gewährleistungsrechte bewahren

Anwendbar bei:	Nicht anwendbar bei:
• Verträgen über **neu** hergestellte Sachen (Sache = neu, wenn noch nicht ihrem bestimmungsgemäßen Gebrauch zugeführt) • Verträge über **Werkleistungen** • Kauf- und Werkverträge	• h.M.: **Gebrauchsüberlassungsverträgen** (wie Miete, Pacht, Leasing), da Wortlaut der Vorschrift nur auf die werk- und kaufvertragliche Gewährleistung wie in §§ 439, 634 BGB (z.B. Nachbesserung) hinweist!

Was ist unter einer „Tagespreisklausel" zu verstehen? Ist eine solche zulässig?

Per AGB soll festgelegt werden, dass als Verkaufspreis der Listenpreis zum Zeitpunkt der (späteren) Lieferung maßgeblich sein soll, häufig beim Neuwagenkauf
Anwendbarkeit der §§ 307-309? (+), da kontrollfähige Preis*neben*abrede, § 307 III daher (+)!
§ 309 Nr. 1: grds. einschlägig, i.d.R. aber (-), da Lieferung mehr als 4 Monate nach Vertragsschluss erfolgen soll
§ 307: unangem. Benachteiligung? (+); anders nur, wenn Preiserhöhung nicht unangemessen hoch **und** Kunde ein Rücktrittsrecht eingeräumt wurde. Wenn letzteres nicht der Fall: BGH nimmt ein solches im Wege ergänzender Vertragsauslegung an; eigentlich unzulässige Umgehung des **Verbotes geltungserhaltender Reduktion**, § 306 II!

Was ist unter einer unangemessenen Benachteiligung i.S.d. § 307 BGB zu verstehen?

§ 307 I S.1 unangemessene Benachteiligung

Benachteiligung

Wenn Interessen des Vertragspartners gegenüber Verwender so zurückgedrängt sind, dass *kein vollständiger Interessenausgleich* stattgefunden hat

unangemessen

Wenn Verwender mit der Klausel nur *seine eigenen Interessen verfolgt* und keine hinreichende Rücksicht auf die Interessen seines Vertragspartners nimmt

§ 307 II Konkretisierung

anhand von Regelbeispielen; widerlegbare Vermutungen

Wann ist § 307 II BGB einschlägig?

BGB-AT I, Rn. 352 ff.

Prüfungsreihenfolge: „Zwei vor eins", erst § 307 II dann I

Unangemessene Benachteiligung i.S.d. § 307 II „im Zweifel" (widerlegbare Vermutung):

Nr. 1: Wenn Bestimmung mit Grundgedanken der gesetzlichen Regelung, von der abgewichen wurde, nicht zu vereinbaren ist

z.B. Provisionsanspruch des Maklers auch ohne zustande gekommenen Kaufvertrag ⇨ Abweichung von § 652 BGB

Nr. 2: wenn wesentliche, *dem Schutz des Kunden dienende* Rechte oder Pflichten, die sich aus der Natur des Vertrages ergeben, so eingeschränkt werden, dass die Erreichung des Vertragszwecks gefährdet ist

z.B. Haftungsausschluss für Konstruktionsfehler / für Pflicht des Verkäufers zur fristgerechten Lieferung / für die Haftung des Sachverständigen

Was versteht man unter dem Transparenzgebot und wo ist es gesetzlich geregelt?

Transparenzgebot, § 307 I S.2

↬ BGB-AT I, Rn. 354

Regelung in § 307 I S.2: Verstoß gegen das Transparenzgebot kann eine unangemessene Benachteiligung darstellen

Inhalt des Transparenzgebotes:
Klauseln sind **klar** und **verständlich** zu formulieren, d.h. dass sie die Rechte und Pflichten des Vertragspartners durch eine entsprechende Ausgestaltung und Formulierung der Vertragsbestimmungen *durchschaubar, richtig, bestimmt und klar* darstellen müssen

Beachte auch § 307 III S.2 (vgl. KK Nr. 90) und Abgrenzung zu § 305c I (vgl. KK Nr. 88)

Was sind die Rechtsfolgen bei nicht einbezogenen oder unwirksamen AGBs?

Rechtsfolge unwirksamer AGBs

§ 306 I	§ 306 II
Abweichend von § 139 I BGB bleibt Vertrag im Übrigen **wirksam** ⇨ entspricht Intention der Parteien, den Vertrag aufrecht zu erhalten	Inhalt des Vertrages richtet sich insoweit nach **dispositivem** Gesetzesrecht, bei gesetzl. Lücken ausnahmsweise **ergänzende Vertragsauslegung**
Ausnahme: § 306 III, wenn Wirksamkeit für Vertragspartei unzumutbare Härte darstellt	**Verbot der geltungserhaltenden Reduktion**

Sind salvatorische Klauseln oder Ersatz-AGB zulässig?

Salvatorische Klauseln / Ersatz-AGB

↳ BGB-AT I, Rn. 355

Salvatorische Klauseln
Klauseln, die der Verwender *für den Fall der Unwirksamkeit* vorsieht und die den *gleichen wirtschaftlichen Erfolg* wie die weggefallenen Klauseln bezwecken

Ersatz-AGB
Klauseln, die bei Unwirksamkeit der Erstregelung *hilfsweise* gelten sollen

↓ ↓

Nichtig wegen Verstoßes gegen § 306 II

Welche Einwendungen im weiteren Sinne sind zu unterscheiden?

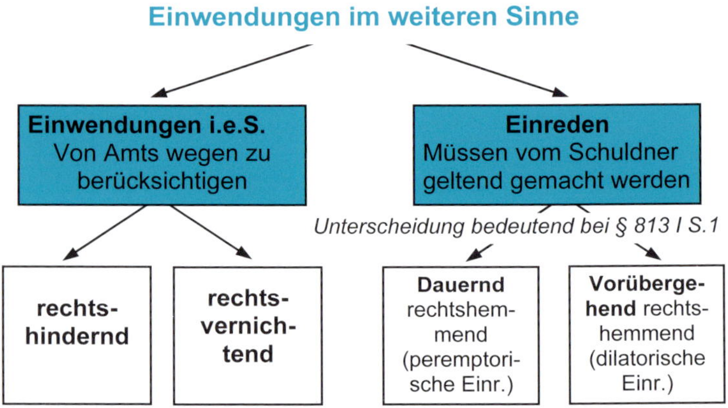
Einwendungen im weiteren Sinne
Einwendungen i.e.S.
Von Amts wegen zu berücksichtigen
Einreden
Müssen vom Schuldner geltend gemacht werden
Unterscheidung bedeutend bei § 813 I S.1
rechts-hindernd
rechts-vernich-tend
Dauernd rechtshem-mend (peremptori-sche Einr.)
Vorüberge-hend rechts-hemmend (dilatorische Einr.)

Wie wirken sich Einwendungen und Einreden aus?

Einreden/Einwendungen: Auswirkung

↳ BGB-AT II, Rn. 2 ff.

Rechtshindernde Einwendungen	z.B. § 105 I

↳ **Nichtigkeit** des Rechtsgeschäfts: der Anspruch *kommt erst gar nicht* zur Entstehung

Rechtsvernichtende Einwendungen	z.B. nachträgl. U., § 275 I; Rücktritt, Anfechtung

↳ **Nichtigkeit**: der zunächst entstandene Anspruch geht *nachträglich* wieder unter

Rechtshemmende Einreden	z.B. § 273; § 320; § 214 I

↳ Anspruch **besteht weiter**, Schuldner erhält aber Gegenrecht gegen Durchsetzung des Anspruchs; muss Einrede *erheben*!

Welcher Prüfungsaufbau empfiehlt sich bei Einreden/ Einwendungen?

Frage: Besteht geltend gemachter Anspruch?

Vertrag wirksam zustande gekommen?	Entstandener Anspruch wieder untergegangen?	Bestehender Anspruch durchsetzbar?
↳ rechtshindernde Einwendungen? (Einwendungen als *negative* Anspruchsvoraussetzungen)	↳ rechtsvernichtende Einwendungen?	↳ rechtshemmende Einreden?

Nennen Sie Beispiele rechtshindernder Einwendungen!

Beispiele rechtshindernder Einwendungen

- Geschäftsunfähigkeit, § 105 I
- beschränkte Geschäftsfähigkeit, §§ 107,108
- Formnichtigkeit, § 125
- gesetzliches Verbot, § 134
- sittenwidriges Rechtsgeschäft, § 138 I
- §§ 311b II, IV, 1365, 1369, 2302

Nennen Sie Beispiele rechtsvernichtender Einwendungen!

Beispiele rechtsvernichtender Einwendungen

- Erfüllung, § 362 I
- Aufrechnung, § 389
- nachträgliche Unmöglichkeit, § 275 I (Leistungsgefahr), § 326 I (Gegenleistungs- oder Preisgefahr)
- Rücktritt, §§ 346 ff.
- Kündigung
- Widerruf, §§ 355 i.V.m. 312g, 495, 650l; §§ 530, 658, 671, 790
- Eintritt auflösender Bedingung, § 158 II
- Anfechtung, § 142 I
- c.i.c. i.V.m. § 249 I (Vertragsaufhebung) (nach BAG automatisches Entfallen, nicht nur Anspruch auf Vertragsaufhebung, vgl. BAG, Life&LAW 07/2019)

Vgl. Skript BGB AT III

Was für eine Einrede i.w.S. stellen die § 275 II, III BGB dar?

↳ Schuldrecht I, Rn. 48

§ 275 II, III als **Leistungsverweigerungsrecht**, das bei Geltendmachung **....**

Einrede i.e.S. mit …

… zum **Erlöschen** der Primärpflicht des Schuldners führt

… rechtsvernichtender Wirkung (!)

Besonderheit im BGB: § 275 II; III als Einrede i.e.S. wirkt nicht rechtshemmend, sondern rechtsvernichtend (bzw. bei anfänglicher Unmöglichkeit: rechtshindernd)**!**

Was ist unter einer sogenannten Ausübungsschranke zu verstehen?

Gläubiger ist Inhaber einer **Forderung**, deren Ausübung auch **keine speziellen Gegenrechte** entgegenstehen

⇕

Trotzdem kann er Forderung **nicht** durchsetzen, da allgemeine Grenzen der Ausübung des Rechts entgegenstehen
⇨ **Missbrauchs- bzw. Ausübungsschranke** („sachliche Grenze" des Anspruchs)

Nennen Sie Beispiele für Ausübungsschranken im BGB!

Schikaneverbot, § 226: Wenn Rechtsausübung allein den Zweck der Schadenszufügung hat; Schikaneabsicht **und** obj. kein anderer Grund als Schikane d. Schuldners ersichtlich; *fast nie der Fall*!

Vorsätzliche sittenwidrige Schädigung, § 826
für alle nichtvertraglichen Rechtsbeziehungen als Grenze unzulässiger Rechtsausübung (neben §§ 226, 242)

Unzulässige Rechtsausübung, § 242 (§§ 226, 826 als spezielle Ausprägungen), z.B. „dolo facit“ Einwand, „venire contra factum proprium“

Verwirkung, § 242: Wenn der Berechtigte längere Zeit von seinem Recht keinen Gebrauch gemacht hat und dadurch beim Verpflichteten der Eindruck entstanden ist, der Berechtigte werde sein Recht nicht mehr ausüben

Welche Fallgruppen der unzulässigen Rechtsausübung nach § 242 BGB kennen Sie?

§ 242 wg. begrenztem Anwendungsbereich der §§ 226, 826 besonders wichtig

- **Unredlicher Erwerb der eigenen Rechtsstellung** (Geltendmachung treuwidrig / vertragswidrig erlangter Rechte)
- **Verletzung eigener Pflichten** (z.B. Entfallen eines Anspruchs aus § 281 I bei eigener Vertragsuntreue des Gläubigers)
- **Pflicht zur umgehenden Rückgewähr („dolo agit"-Einwand)** (z.B. Vindikation einer Sache durch Eigentümer trotz unmittelbar bevorstehendem Eigentumserwerb des Anwartschaftsberechtigten → Einrede d. Schuldners!)
- **Widersprüchliches Verhalten („venire contra factum proprium")** Berechtigter setzt sich zu seinem früheren Verhalten in Widerspruch und enttäuscht verursachtes Vertrauen (z.B.: Beim Grundstückskauf wird Stundung vereinbart, aber Beurkundung vergessen; Stundungsvereinbarung wg. § 311b I S.1 (-), aber Einrede nach § 242)

Welche Arten der Einreden sind zu unterscheiden?

Arten von Einreden

Dauernde (= *peremptorische*) Einreden
- Verjährung, § 214 I
- E. der ungerechtf. Ber., § 821
- Arglisteinrede, § 853

Aufschiebende (= *dilatorische*) Einreden
- Stundung
- E. des Notbedarfs, 519
- pactum de non petendo
- E. des Bürgen nach § 771

Anspruchsbeschränkende Einreden
- Zurückbehaltungsrecht, § 273
- E. des nichterfüllten Vertrages, § 320

⇨ Verurteilung nur Zug um Zug, § 274

In welchen Fällen ist das Vorliegen einer dauernden Einrede auch außerhalb des gescheiterten Primäranspruches von Bedeutung?

Bedeutung dauernder Einreden

§ 813 I: In Unkenntnis der Einrede zur Erfüllung des Anspruches Geleistetes kann zurückverlangt werden (Ausnahme: Verjährung, vgl. § 813 I S.2 i.V.m. § 214 II)

§ 814 1.Alt. analog: bei freiwilliger Leistung an Gläubiger in Kenntnis der Einrede ist Kondiktion ausgeschlossen

steht Geltendmachung der Hypothek (des Pfandrechtes/ des durch Vormerkung gesicherten Anspruchs) eine dauerhafte Einrede entgegen, kann vom Gläubiger Verzicht auf Hyp. verlangt werden **§ 1169** (bzw. Pfandrückgabe, **§ 1254** bzw. Beseitigung der Vormerkung, **§ 886)**

Verzug: Bloßes Bestehen der Einrede schließt grds. Schuldnerverzug aus; Geltendmachung im Prozess dennoch erforderlich, wirkt dann ex tunc zurück auf Zeitpunkt, in dem Voraussetzungen der Einrede zum ersten Mal vorlagen

Geben Sie einen Überblick über die Ihnen bekannten Verjährungsfristen!

Regelmäßige Verjährung, § 195	**3 Jahre**
Verjährung bei Rechten an einem Grundstück, § 196	**10 Jahre**
Ansprüche i.S.d. § 197 I	**30 Jahre**

Sonstige Verjährungsfristen im BGB:

- § 438 I Nr. 3: **2 Jahre i.d.R.** (bei Arglist: Regelverjährung, § 438 III)
- § 634a I Nr. 1: **2 Jahre** (Sachen), § 634a I Nr. 2: **5 Jahre** (Bauwerk)
- § 548: **6 Monate**
- § 852 S. 2: **10 Jahre** ab Entstehung

Nennen Sie Ansprüche, die keiner Verjährung unterliegen!

Gem. § 194 I unterliegt grds. *jeder* Anspruch der Verjährung

Ausnahmen (keine Verjährung):

- § 194 II: Ansprüche aus einem familienrechtlichen Verhältnis, soweit auf Herstellung dieses Verhältnisses gerichtet
- § 758: Anspruch auf Aufhebung der Rechtsgemeinschaft
- § 902: Anspruch aus im Grundbuch eingetragenen Rechten
- § 898: Grundbuchberichtigungsanspruch
- § 924: bestimmte nachbarrechtliche Ansprüche
- §§ 2042 II i.V.m. 758: Auseinandersetzungsanspruch von Miterben

Wann beginnt die Verjährung?

Verjährungsbeginn

Verjährungsbeginn

§ 199
Regelmäßige Verjährung

Mit Schluß des Jahres der:

1) Anspruchsentstehung **+**
2) Kenntniserlangung (oder grob fahrlässige Unkenntnis) des Gläubigers von:

a) den Anspruch begründenden Umständen **+**
b) der Person des Schuldners

§ 200
Andere Verjährungsfristen

Mit Anspruchsentstehung, soweit nichts anderes bestimmt ist (z.B. § 438 II)

§ 201

Sonderregelung für Ansprüche der in § 197 I Nr. 3-6 bezeichneten Art (lesen!)

Was versteht man unter einem relativen bzw. absoluten Verjährungsbeginn?

Relativ	Absolut
Verjährungsbeginn hängt vom **subjektiven** Element der Kenntnis des Gläubigers (vgl. KK Nr. 115) ab, vgl. § 199 I Nr. 2	Verjährungsbeginn hängt allein von **objektiven** Umständen ab, z.B. Anspruchsentstehung, § 200, Ablieferung, § 438 II

***Rechtsunsicherheit**, die durch subjektives Element entsteht, wird durch kurze Regelverjährungsfrist von 3 Jahren, § 195 und durch Höchstfristen der § 199 II-IV (vgl. KK Nr. 117) gemildert*

Kann es passieren, dass eine relative Verjährungsfrist nie abläuft, weil der Gläubiger noch keine Kenntnis i.S.d. § 199 I Nr. 2 BGB erlangt hat?

Im Interesse der **Rechtssicherheit** des Schuldners sehen § 199 II-IV **Höchstfristen** vor, die unabhängig von der Kenntnis des Gläubigers ablaufen

Schadensersatzansprüche

- Verletzung v. Leben, Körper, Gesundheit, Freiheit, § 199 II
  - **30 Jahre** ab Begehung der Handlung, etc.
- Sonstige, § 199 III S.1
  - Nr. 1: **10 Jahre** ab Anspruchsentstehung
  - Nr. 2: **30 Jahre** ab Begehung der Handlung, etc.

! Maßgeblich ist die früher endende Frist, § 199 III S.2!

Sonstige Ansprüche, § 199 IV

- **10 Jahre** ab Anspruchsentstehung

Inwiefern können Vereinbarungen über die Verjährung getroffen werden?
Gilt dies unbegrenzt?

Verjährungsvereinbarungen, § 202

§ 202 ermöglicht hinsichtlich bereits laufender/ künftiger Fristen verjährbarer Ansprüche:

Erleichterung | **Erschwerung**

Grenzen:

Keine Erleichterung bei
- Haftung wegen Vorsatz, § 202 I (im Voraus)
- bestimmten AGBs, vgl. § 309 Nr. 7 a/b, Nr. 8
- Verstoß gegen § 307
- Bestimmten Gewährleistungsansprüchen, vgl. § 476 II, § 309 Nr. 8 b) ff.

- Maximal 30 Jahre, § 202 II
- aus § 307: Prüfung am Einzelfall. Verstoß schon bei Fristen weit unter 30 Jahren möglich

Rechtsprechungsentwicklung beobachten!

Nennen Sie Fälle, in denen der Ablauf der Verjährungsfrist beeinflusst wird!

Hemmung, §§ 203 ff.
Zeitraum wird **nicht** auf die Verjährungsfrist **angerechnet**, § 209

Unterfall:

Ablaufhemmung, §§ 204 II S.1, 210 f.
Verjährungsfrist läuft frühestens bestimmte Zeit nach Wegfall von Gründen ab, die der Geltendmachung des Anspruches entgegenstehen

Neubeginn, § 212
Verjährung beginnt mit Beendigung der Unterbrechung **von neuem** zu laufen, § 212 I

z.B. Anerkenntnis, Vollstreckungshandlung, § 212 I; § 199 I findet aber keine Anwendung!

Merke: Normalfall ist die Hemmung!

Wie wirkt sich ein „Einschlafen“ der Verhandlungen auf die Verjährung des Anspruches aus?

§ 203: Verjährung gehemmt, solange Parteien über Anspruch/ anspruchsbegründende Tatsachen verhandeln.

Sinn + Zweck: Vermeidung von Rechtsstreitigkeiten; dadurch, dass Parteien nicht unter Zeitdruck einer Verjährungsfrist verhandeln

Bei **Einschlafen der Verhandlungen** endet Verjährungshemmung in dem Zeitpunkt, in dem der nächste Verhandlungsschritt nach Treu und Glauben zu erwarten gewesen wäre.

Verhandeln ist dabei weit auszulegen. Genügend ist jeder Meinungsaustausch zwischen den Parteien, wenn nicht der Schuldner von vornherein jegliche Verpflichtung bestreitet und Verhandlungen darüber ablehnt.

Ab wann wird die Verjährung bei Klageerhebung / bei Einleitung eines Mahnverfahrens gehemmt?

Verjährungshemmung durch:

Klageerhebung, § 204 I Nr.1 BGB i.V.m. § 253 I ZPO	Zustellung eines Mahnbescheids, § 204 I Nr. 3 BGB i.V.m. §§ 688 ff. ZPO

Hemmungsbeginn

Bereits mit **Einreichung** der Klage, § 167 ZPO	Bereits mit **Einreichung** des Antrags auf Erlass eines Mahnbescheides, §§ 693, 167 ZPO

(sofern Zustellung „demnächst“ erfolgt)

Vgl. entsprechende Regelung für Güteantrag, § 204 I Nr. 4 HS.2 BGB

Worin liegt der Unterschied zwischen Verjährungs- und Ausschlussfrist?

Ausschlussfrist

↳ BGB-AT III, Rn. 641

Verjährung, § 214 I

- Anspruch bleibt bestehen, ist aber nicht mehr durchsetzbar
- Nur Ansprüche erfasst; als Einrede geltend zu machen

***Gesetzeswortlaut**: „verjährt“*

⇕

Ausschlussfrist, z.B. § 462

- Anspruch *erlischt* mit Fristablauf (von Amts wegen zu beachtende Ein*wendung*)
- umfasst auch andere Rechte, vor allem Gestaltungsrechte

***Gesetzeswortlaut**: „Recht erlischt“, „ist ausgeschlossen“, „kann nur erfolgen“*, z.B. § 462

Wie wirkt sich die Verjährung auf Sicherungsrechte aus?

Verjährung und Sicherungsrechte

Verjährung, § 214 I

Zu sichernder Anspruch besteht, ist aber nicht mehr durchsetzbar

Hat damit Sicherheit ihren Zweck erfüllt und kann deshalb vom Sicherungsgeber zurückgefordert werden?

NEIN, § 216 I: Sicherungsmittel bleibt von Verjährung unberührt (evtl. Durchbrechung der Akzessorietät von Forderung und akzessorischem Sicherungsmittel)

§ 216 II S.2 für Eigentumsvorbehalt nötig, da Rücktritt gem. § 449 II bei Verjährung des Kaufpreises gem. § 218 I S.1 ausgeschlossen wäre.

Gilt die Einrede des § 821 BGB auch schon vor Verjährung des Befreiungsanspruches?

Einrede des § 821 BGB

Schuldner geht ohne Rechtsgrund Verbindlichkeit ein; hat Anspruch auf „Rückgabe" der Forderung (§ 818 I, z.B. durch Erlass erfüllbar). **Nach Verjährung** dieses Kondiktionsanspruchs hat Schuldner Einrede nach § 821 (Wortlaut)

Nach h.M. Leistungsverweigerungsrecht bereits **vor** Verjährung

e.A.: aus „dolo facit" - Einwand des **§ 242**, da § 821 aufgrund des eindeutigen Wortlauts nicht passt

h.M.: aus **§ 821** als Spezialvorschrift zu § 242, die auf Zeitraum vor Verjährung *„erst recht"* angewendet werden müsse. Wortlaut insoweit missverständlich

Was versteht man unter einer Stundung?

Stundung

Aufschiebende (= dilatorische) Einrede (hindert die Geltendmachung des Anspruches nur während des Bestehens des Hindernisses)

⇩

Kommt durch Vereinbarung zwischen Schuldner und Gläubiger zustande, vgl. § 205 ⇨ Fälligkeit des Anspruches wird hinausgeschoben, Erfüllbarkeit des Anspruchs bleibt aber bestehen („man *kann* zahlen, *muss* aber nicht")

Vereinbarung bereits mit Begründung des Anspruchs möglich (dann evtl. schon Fälligkeitstermin), kann aber auch später getroffen werden

Fälle des § 205 eher selten, da meist schon unter § 203 oder § 212 I Nr. 1 subsumierbar (geringe Klausurrelevanz)

Was sind die Rechtsfolgen der Stundung für die Verjährung der gestundeten Forderung?

Rechtsfolgen der Stundung

Zusammenfallen von Anspruchsentstehung und Stundung

↓

„betagte Forderung“:

Entstehung des Anspruchs in § 200 S.1 meint: Forderung muss **einklagbar** sein; bei Stundung mangels Durchsetzbarkeit (-), daher: Verjährungsbeginn erst mit Ablauf der Stundungsfrist!

Stundung der Forderung **nach** Verjährungsbeginn

↓

- **Hemmung** der Verjährung, gem. § 205 I
- evtl. als *Anerkenntnis* i.S.d. § 212 I Nr. 1 **Neubeginn** der Verjährung (Auslegung!!)

Wie lassen sich die möglichen Einreden des Bürgen einteilen?

Schuldnerbezogene Einreden
§ 768 S.1: Bürge kann Einreden geltend machen, die *dem Hauptschuldner* gegen die gesicherte Forderung zustehen

Bürgenbezogene Einreden
Aus dem **Bürgschaftsvertrag:** z.B. Stundung der Bürgschaftsforderung!
§ 770: stehen dem Hauptschu. Gestaltungsrechte zu, kann Bürge Einrede der Gestaltbarkeit erheben
§ 771: Einrede der Vorausklage; häufig abbedungen, vgl. § 773 I Nr. 1 (selbstschuldnerische Bürgschaft)

Welche Bedeutung hat die Einrede der Vorausklage gem. § 771 BGB und wann kann sie ausgeschlossen sein?

Bedeutung des § 771: Wird Bürge aus Bürgschaft in Anspruch genommen, kann er gem. § 771 solange die Befriedigung des Gläubigers verweigern, bis dieser erfolglos versucht hat, sich im Wege der Zwangsvollstreckung (ZVS) gegen den Hauptschuldner zu befriedigen

Erfordert erfolglosen Vollstreckungsversuch aufgrund eines Urteils oder sonst vollstreckbaren Titels

Einrede der Vorausklage ausgeschlossen:

- gem. § 773 I Nr. 1 (Verzicht des Bürgen), Nr. 2 (erschwerte Rechtsverfolgung), Nr. 3 (Insolvenz des Hauptschuldners), Nr. 4 (ZVS gegen Hauptschuldner nicht erfolgversprechend)
- gem. § 349 S.1 HGB im Fall der kaufmännischen Bürgschaft

Nennen Sie die Voraussetzungen eines Zurückbehaltungsrechtes gem. § 273 BGB!

Voraussetzungen des § 273 BGB

↳ BGB-AT III, Rn. 672 ff.

Voraussetzungen des Zurückbehaltungsrechtes (ZBR), § 273	
(1)	**Personenidentität** in beiden Schuldverh.: Schuldner muss zugleich Gläubiger seines eigenen Gläubigers sein
(2)	**Fälligkeit + Einredefreiheit** des Anspruchs des Schuldners
(3)	**Konnexität** der Ansprüche: Anspruch und Gegenanspruch müssen auf „demselben rechtlichen Verhältnis" beruhen
(4)	**Kein Ausschluss** des ZBR (kraft rechtsgeschäftlicher Individualvereinbarung, gesetzlich §§ 570, 242 u.a.)

Was ist bei § 273 BGB unter dem Merkmal der Konnexität zu verstehen?

Konnexität: Anspruch und Gegenanspruch müssen auf „demselben rechtlichen Verhältnis beruhen“

Jedenfalls in den Konstellationen des § 273 II gegeben

Außerhalb dieser gesetzlichen Regelung wird Merkmal von Rspr. **weit** ausgelegt: Ansprüche müssen Ursprung nicht in selbem Vertrag/ sonstigen Schuldverhältnis haben, es genügt:

innerer *natürlicher und wirtschaftlicher Zusammenhang*, der Geltendmachung und Durchsetzung des einen Anspruchs ohne Rücksicht auf den anderen als treuwidrig, § 242, erscheinen ließe

Wann ist eine Ausübung des Zurückbehaltungsrechtes gem. § 273 BGB ausgeschlossen?

Ausschluss des ZBR

Rechtsgeschäftlich

Grds. nur *per Individualvereinbarung* möglich, da in AGBs gem. § 309 Nr.2 b) unwirksam (**Ausnahme**: wenn Gegenanspruch nicht auf selbem rechtl. Verhältnis beruht, da Konnexität i.S.d. § 273 weiter als i.S.d. § 309 Nr.2 b)

Kraft Gesetzes

- gem. § 570 für den Mieter, gem. § 175 2.HS für Bevollmächtigten bzgl. Vollmachtsurkunde
- bei gesetzlichem Aufrechnungsverbot (§§ 393, 394, 395), wenn Ausübung des ZBR einer Aufrechnung gleichkäme
- vgl. auch § 215

Aus Treu und Glauben, § 242

Wenn z.B. Zurückhaltung einer hochwertigen Leistung zur Durchsetzung einer Bagatellforderung (Rechtsgedanke d. § 320 II) / Durchsetzung der unbestrittenen Forderung durch ungeklärten Gegenanspr. lange verzögert wird

In welchem Verhältnis steht § 320 BGB zu § 273 BGB?

Einrede des nichterfüllten Vertrages (§ 320) als **Unterfall** des allgemeinen Zurückbehaltungsrechts nach § 273

⇓

Will als Ausdruck der synallagmatischen Leistungspflichten beim gegenseitigen Vertrag **sicherstellen**, dass keiner der Vertragspartner seine Leistung erbringen muss, ohne gleichzeitig auch die Gegenleistung zu erhalten (gilt grds. auch bei nur geringfügigen Mängeln, BGH, Life&LAW 2017, 229 ff.)

! Wichtigster **Unterschied** zu § 273: Abwendung durch Sicherheitsleistung gem. § 320 I S.3 ausgeschlossen**!**

Nennen Sie die Voraussetzungen des Leistungsverweigerungsrechtes gem. § 320 BGB!

Voraussetzungen des § 320 BGB

- **Vorliegen eines gegenseitigen Vertrages**: Synallagma erforderlich, d.h. der eine Teil erbringt seine Leistung, um die Gegenleistung zu erhalten („*do ut des*“)

- **Synallagmatische Verknüpfung der fragl. Forderungen**: Gerade die fragl. Forderungen müssen Synallagma bilden

- **Durchsetzbarkeit der Gegenleistung**: Gegenforderung muss vollwirksam und durchsetzbar, v.a. fällig sein (§ 320 (-) bei Vorleistungspflicht des Schuldners!)

- **Eigene Vertragstreue**: Ungeschriebenes Tatbestandsmerkmal: Bereitschaft zur Erbringung der eigenen Leistung ist Voraussetzung für Einrede des § 320

Was ist unter einem Schuldverhältnis zu verstehen?

Schuldverhältnis im engeren Sinne	Schuldverhältnis im weiteren Sinne
= die einzelne schuldrechtliche Leistungsbeziehung zwischen Gläubiger und Schuldner	= die umfassende Gesamtheit der Rechte und Pflichten einer schuldrechtl. Beziehung
z.B. beim Kaufvertrag: • Anspruch des Käufers gegen den Verkäufer auf Eigentumsverschaffung, § 433 I S.1 • ebenso: Anspruch des Verkäufers gegen den Käufer auf Kaufpreiszahlung, § 433 II	z.B.: Mietverhältnis als solches, aus dem sich neben Haupt- auch Nebenpflichten, Mängel- und Gestaltungsrechte ergeben können

Sind die Begriffe Forderung und Anspruch synonym verwendbar? Wen bezeichnet man als Gläubiger, wen als Schuldner?

Anspruch = Recht, von einem anderen ein Tun oder Unterlassen verlangen zu können, § 194 I

Forderung = Anspruch aus einem *Schuldverhältnis*, z.B. aus § 433 I S.1 (nicht z.B. § 985)

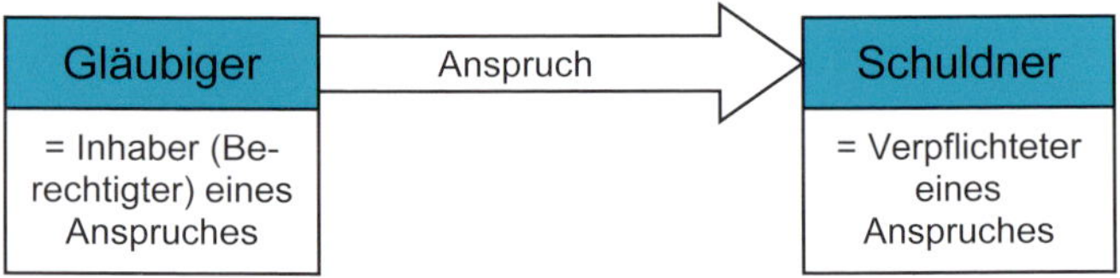

Welche Entstehungsgründe kommen für Schuldverhältnisse (im weiteren Sinne) in Betracht? Nennen Sie Beispiele!

↳ SchuldR AT I: Karteikarte Nr. 1

Entstehung von Schuldverhältnissen i.w.S.

Durch Rechtsgeschäft

Insbes. **Vertrag**, § 311 I; z.B.:

- Kauf, §§ 433 ff.
- Werkvertrag, §§ 631 ff.
- Miete, §§ 535 ff.

einseitig (selten), z.B.:

- Auslobung, §§ 657 ff.

Kraft Gesetzes

z.B.:

- EBV, §§ 987 ff.
- unerlaubte Handlung, §§ 823 ff.
- ungerechtfertigte Bereicherung, §§ 812 ff.
- GoA, §§ 677 ff.

Von welchem Prinzip des Schuldrechts macht § 986 II BGB eine Ausnahme? Kennen Sie weitere Ausnahmen?

↳ SchuldR AT I: Karteikarte Nr. 2

Prinzip der Relativität schuldrechtlicher Beziehungen

d.h.: Nur die am Schuldverhältnis (SV) **Beteiligten** werden aus diesem berechtigt und verpflichtet, Rechtsbeziehungen zu bzw. zwischen Dritten werden nicht berührt.
Nach § 986 II kann auch ein schuldrechtl. BesitzR dem Erwerber entgegengehalten werden, obwohl dieses aus dem Schuldverhältnis zwischen Besitzer und *Vor*eigentümer resultiert = Ausnahme!

Weitere Ausnahmen: Einbeziehung Dritter ins Schuldverhältnis:

- Vertrag zugunsten / mit Schutzwirkung zugunsten Dritter
- § 404
- §§ 546 II, 604 IV
- gesetzlicher Übergang von Schuldverhältnissen i.w.S., z.B. § 566
- §§ 1157 S.1; 1192 Ia

Welche Arten von Pflichten können sich aus einem Schuldverhältnis (im weiteren Sinne) ergeben?

SchuldR AT I: Karteikarte Nr. 4

Arten schuldrechtlicher Pflichten

Hauptleistungspflichten	Nebenleistungspflichten	Sonstige Nebenpflichten
Leistungspflichten, die die **Eigenart** des SV prägen, z.B. § 433 I S.1 beim Kaufvertrag	Sonstige klagbare Leistungspflichten des SV; z.B. Rückgabepflicht beim MietV, § 546 (Pflichten, die *nicht* die Eigenart des SV prägen)	Aus § 241 II; v.a. Verhaltens-, Schutz- und Begleitpflichten. Klagbarkeit (-); bei Verletzung SE aus § 280 I. U.U. §§ 282, 324

Was ist mit den Begriffen Primär- und Sekundärpflichten gemeint?

Primärpflichten sind Pflichten, die sich ohne Hinzutreten weiterer Umstände aus dem Schuldverhältnis ergeben
(z.B.: Pflicht zur Abnahme der Kaufsache, § 433 II Alt. 2)
Auf Erfüllung *dieser* Pflichten ist Schuldverhältnis angelegt

Sekundärpflichten sind solche, die bei Störung von Primärpflichten neben diese oder an deren Stelle treten
(vor allem: Ansprüche aus den §§ 280 ff.)

Erklären Sie kurz die Bedeutung der Begriffe „Naturalobligation“ und „Obliegenheit“!

Natural-obligation	sog. „**unvollkommene Verbindlichkeit**“; kann zwar erfüllt, aber **nicht eingeklagt** werden. Wenn Erfüllung erfolgt, grds. keine condictio indebiti, § 812 I S.1 Alt. 1
	z.B.: Entrichtung des Ehemaklerlohnes, § 656 I S.1; Spiel und Wette, § 762

Obliegen-heit	**keine** Verbindlichkeit; (ebenfalls) nicht einklagbar, bei Verletzung lediglich eigener rechtl. Nachteil, Befolgung als „**Gebot des eigenen Interesses**“; z.B. § 377 HGB
	z.B.: *Annahme* der geschuldeten Leistung durch Gläubiger wg. Nachteilen des Annahmeverzugs (§§ 300 ff.). Ausnahme: § 433 II Alt. 2: dort echte Schuldnerpflicht

In welche drei Gruppen lassen sich schuldrechtliche Verträge in Bezug auf die Schuldner und die Beziehungen der Leistungsverpflichtungen einteilen?

↳ SchuldR AT I: Karteikarte Nr. 5

Einseitig verpflichtende Verträge

Nur *eine* Partei ist zur Leistung verpflichtet (schließt sonstige Nebenpflichten der anderen Seite nicht aus, z.B. Schutzpflichten)

Unvollkommen zweiseitige Verträge

Nur *einer* Partei obliegt die den Vertragstyp bestimmende Leistungspflicht; die andere Partei trifft Leistungspflicht, die aber **nicht im Gegenseitigkeitsverhältnis** (Synallagma) steht
(z.B.: Leihe: Rückgabepflicht nach § 604 nicht synallagmatisch!)

Gegenseitige Verträge

Es bestehen im Gegenseitigkeitsverhältnis stehende (Haupt-)Leistungspflichten (z.B.: Kauf: § 433 I ⇔ § 433 II)

Wann ist von einem Dauerschuldverhältnis die Rede?
Stellt ein Sukzessivlieferungsvertrag ein solches dar?

↳ SchuldR AT I: Karteikarte Nr. 7

Charakteristikum für Dauerschuldverhältnis: Es werden ein dauerndes Verhalten oder wiederkehrende Leistungen geschuldet; Gesamtumfang der Leistungen steht nicht von vorneherein fest, sondern bestimmt sich nach der Dauer des Schuldverhältnisses (§ 535)

Sukzessivlieferungsverträge

Ratenlieferungsvertrag

Eine von Anfang an feststehende Menge wird nach und nach (ratenweise) geleistet

Da Leistungsumfang feststeht: DauerSV (-)!

Bezugsvertrag

Auf unbestimmte Zeit ohne feste Gesamtliefermenge (z.B.: Bierlieferungsvertrag)

Da Leistungsumfang nicht feststeht: DauerSV (+)!

Wie ist ein Gefälligkeitsverhältnis von einem Gefälligkeitsvertrag abzugrenzen?

↳ SchuldR AT I: Karteikarte Nr. 8

Gefälligkeitsvertrag

= Schuldrechtl. Vertrag, der eine Gefälligkeit (unentgeltliche Leistung) zum Gegenstand hat, z.B.: Leihe, §§ 598 ff., Auftrag §§ 662 ff.

Gefälligkeitsverhältnis

= Gefälligkeit ohne vertragl. Verpflichtung, rein faktisches Verhältnis

Abgrenzung:

Vertragsschluss setzt **Rechtsbindungswille** beider Parteien voraus; anhand objektiver Kriterien zu bestimmen (Auslegung, §§ 133, 157)

- **Für** Vertragsschluss: Besondere Bedeutung der Gefälligkeit für den Begünstigten, z.B.: Jmd. bittet seinen Freund, ihn zu einem wichtigen geschäftl. Termin zu fahren
- **Dagegen:** Höhe des Haftungsrisikos, z.B.: jmd. soll Lottoschein abgeben, Gefahr, bei Pflichtverletzung entgangenen Gewinn ersetzen zu müssen

Teilweise wird eine Zwischenform zwischen Gefälligkeitsverhältnis und Gefälligkeitsvertrag anerkannt.

Worum handelt es sich, was ist die Rechtsfolge?

↳ SchuldR AT I: Karteikarte Nr. 8

Sog. Gefälligkeitsverhältnis mit rechtsgeschäftlichem Charakter

Nach dem durch Auslegung zu ermittelnden Willen der Parteien (wieder: Rechtsbindungswille!) soll zwar **kein Primäranspruch** auf Einhaltung des Zugesagten bestehen, es bestehen aber Schutzpflichten gem. § 241 II BGB.

z.B.: Jmd. verspricht seinem Freund, ihm seinen Ferrari zu leihen: (I.d.R.) Kein Anspruch auf das *Überlassen* des Wagens, bei Beschädigung aber *Haftung* nach §§ 604, 280 I (analog) (a.A.: c.i.c. analog; § 311 II Nr. 3), nicht nur §§ 823 ff.

Was versteht man unter einem Synallagma?
Was ist im Falle synallagmatischer Pflichten
insbesondere zu beachten?

Synallagma = Gegenseitigkeitsverhältnis zweier Leistungen in einem Vertrag
Die eine Leistung wird **um der Gegenleistung willen** erbracht, sog. „do-ut-des"-Beziehung (finales Synallagma). Durch Auslegung nach den §§ 133, 157 zu ermitteln

beachten: v.a. gesetzl. Rücktrittsrechte der §§ 323 ff. nur auf gegenseitige Verträge anwendbar!

Nennen Sie wichtige Anwendungsfälle des Grundsatzes von Treu und Glauben!

↳ SchuldR AT I: Karteikarte Nr. 14

§ 242

Art und Weise der Leistung	Störung der Geschäftsgrundlage	Unzulässige Rechtsausübung
Wortlaut § 242; Leistung muss Sinn und Zweck des SV entsprechen	§ 313; vgl. dazu später	• Pflicht zur umgehenden Rückgewähr als Einrede („dolo agit") • widersprüchl. Verhalten („venire contra factum proprium")

Was regeln die §§ 280 ff. BGB?
Wie ist § 280 I BGB von den §§ 281 ff. BGB abzugrenzen?

↳ Schuldrecht AT, Rn. 123

§§ 280 ff.: Schadensersatz bei Pflichtverletzungen im Schuldverhältnis

Ersatz von *Begleitschäden*

Tritt *neben* die Primärleistungspflicht; Schäden, die auch bei ordnungsgemäßer Primärleistung nicht wegfallen

⇓

Ersatz nach § 280 I
(beim Verzug: §§ 280 II, 286)

SE *statt der Leistung*

Gläubiger ist so zu stellen, wie er bei ordnungsgemäßer Erfüllung der Primärpflicht stünde

⇓

Ersatz nach §§ 280 I, III, 281 ff.; § 311a II

Welche Arten von Pflichtverletzungen i.S.d. § 280 I S.1 BGB sind zu unterscheiden?

↳ Schuldrecht AT, Rn. 124

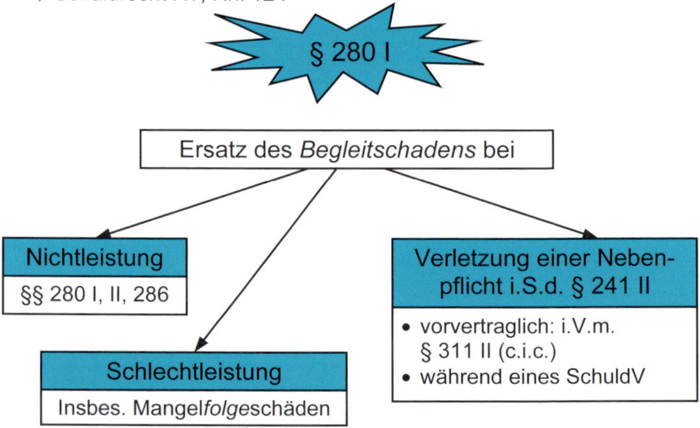

Woraus ergibt sich, dass Schadensersatz auch bei Pflichtverletzungen im vorvertraglichen Bereich (c.i.c.) geschuldet wird?

↳ Schuldrecht AT, Rn. 195 f.

§ 280 I setzt ein **Schuldverhältnis** voraus

↓

§ 311 II: Schuldverhältnis mit Pflichten aus § 241 II kann auch im vorvertragl. Bereich bestehen

⇒

Anspruchsgrundlage: §§ 280 I, 311 II, 241 II

Worin liegen für den Geschädigten die Vorteile der c.i.c. gegenüber den §§ 823 ff. BGB?

↳ SchuldR AT I: Karteikarte Nr. 15

Vorteile der c.i.c.:

- umfassender Vermögensschutz; §§ 823 ff. setzen i.d.R. Verletzung bestimmter Rechtsgüter voraus
- Verschuldenszurechnung bei Hilfspersonen über § 278 S. 1; dagegen gibt § 831 I (eigene Anspruchsgrundlage!) dem Schädiger in § 831 I S.2 eine Entlastungsmöglichkeit („Exkulpation“)
- Beweislastumkehr, § 280 I S.2: bzgl. des Vertretenmüssens muss sich der Schädiger entlasten

Wie ist ein Anspruch aus c.i.c. zu prüfen?

↳ SchuldR AT I: Karteikarte Nr. 16

Prüfungsschema c.i.c.

(1)	Anwendbarkeit	Abgrenzung zu anderen Regelungen, insbes. zu Anfechtung und Mängelrecht
(2)	Vorvertragliches Schuldverhältnis	§ 311 II ⇨ Schuldverhältnis i.S.d. § 280 I
(3)	Pflichtverletzung	§ 280 I; Pflichten: aus § 241 II
(4)	Vertretenmüssen	§ 280 I 2; bestimmt sich nach §§ 276 ff.
(5)	Ersatzfähiger Schaden	§§ 249 ff.; insbesondere: Zurechnung, Kausalität zwischen Pflichtverletzung und Schaden; Mitverschulden, § 254

Inwieweit ist die c.i.c. neben den §§ 434 ff. BGB anwendbar?

↳ SchuldR AT I: Karteikarte Nr. 17

Konkurrenz zwischen c.i.c. und §§ 434 ff.

Problem: Gefahr der Umgehung der kurzen Verjährung des § 438 I Nr. 3 (2 Jahre) durch §§ 195, 199 (3 Jahre)

c.i.c. (+) bei Pflichtverletzungen, die sich **nicht** auf Sach- oder Rechtsmängel i.S.d. §§ 434, 435 beziehen

c.i.c. (-) bei Falschangaben bzgl. Sach- oder Rechtsmängeln, da Gefahr der Umgehung von § 438 I Nr. 3, 442 I S.2, 439

c.i.c. aber (+) bei vorsätzlichen Falschangaben bzw. vorsätzlichem Verschweigen, da: wg. § 438 III S.1 Gleichlauf mit § 195. Im Übrigen bleiben bei Arglist Mängelrechte auch bei grober Fahrlässigkeit, § 442 I S.2 a.E. Fristsetzung ist entbehrlich, § 440; so auch BGH

Kommt im Falle einer arglistigen Täuschung durch den Vertragspartner anstelle einer Anfechtung nach § 123 BGB auch ein Anspruch auf Vertragsaufhebung aus c.i.c. i.V.m. § 249 I BGB in Betracht?

↳ SchuldR AT I: Karteikarte Nr. 18

Konkurrenz zwischen c.i.c. und § 123

Problem: Vertragsaufhebung durch c.i.c. i.V.m. § 249 I wg. § 195 i.d.R. auch nach **Ablauf d. Anfechtungsfristen** möglich; § 123 sieht Vertragsaufhebung nur bei **arglistiger** Täuschung vor, nicht schon bei Fahrlässigkeit (§ 276)

Dennoch wendet die **h.M.** (BGH) die c.i.c. neben den § 123 uneingeschränkt an:

- c.i.c. dient dem Vermögensschutz, die §§ 119 ff. dem Schutz der freien Willensbetätigung; daher unterschiedliche Schutzrichtung, keine Konkurrenz
- Nach h.L. dient auch § 123 dem Schutz des Vermögens, weil bei Täuschung in der Regel nachteiliger Vertrag; daher c.i.c. gesperrt

Vorstandsmitglied A hat für den V-Verein ohne entsprechende Vertretungsmacht ein Darlehen aufgenommen und veruntreut.
Bestehen
vertragliche / vertragsähnliche Ansprüche
der Bank gegen den V-Verein?

↪ SchuldR AT I: Karteikarte Nr. 19

§ 488	(-), da Vertretungsmacht (-), § 177 I
§§ 179, 31	Organ haftet als falsus procurator nach § 179 I; denkbar, Haftung des Vereins über §§ 179 I, 31 zu begründen. **Aber:** Vertretener Verein würde entgegen den §§ 177 ff. wie bei Wirksamkeit des Vertrages haften, wg. Schutz des Vertretenen (-)
c.i.c. i.V.m. § 31	Verschuldenszurechnung über § 31; aber wieder Gefahr der quasivertragl. Haftung wg. § 249 I (Rückzahlung des Darlehens?!), daher: c.i.c. allenfalls dann, wenn Verschulden des Vertreters **über das bloße Handeln ohne VMacht hinausgeht**, z.B. Täuschung des Vertragspartners über Bestehen der Vertretungsmacht etc.

Haftet ein Minderjähriger aus c.i.c.?

↳ SchuldR AT I: Karteikarte Nr. 20

Haftung des Minderjährigen aus c.i.c.

Denkbar: Haftung (+), dem Minderjährigenschutz wird durch das Erfordernis der Einsichtsfähigkeit beim Verschulden, §§ 276 I S.2, 828 I, III, ausreichend Genüge getan

Aber: c.i.c. ist **vertragsähnlich**, da anders als DeliktsR allgemeiner Vermögensschutz; vertragl. Haftung aber wg. §§ 104 ff. (-); daher c.i.c.-Haftung ebenfalls nur bei Zustimmung der Eltern zur Aufnahme der Vertragsverhandlungen, **§ 179 III S.2 analog**

Besteht bei einem Werkvertrag, der in Widerspruch zum Schwarzarbeitergesetz ausgeführt wird, ein Anspruch aus c.i.c. (§§ 280 I, 311 II, 241 II BGB) bei mangelhafter Ausführung?

↳ SchuldR AT I: Karteikarte Nr. 21

Bei *beiderseitigem* Verstoß gegen SchwarzArbG ist WerkV nach § 134 **nichtig**; vertragl. Mängelrechte (vgl. § 634) bestehen nicht

Anspruch aus §§ 280 I, 311 II, 241 II (c.i.c.) wg. mangelhafter Leistung würde Wertung des SchwarzArbG i.V.m. § 134 **umgehen**: Besteller soll gerade keine Mängelansprüche erhalten, da er anderenfalls risikolos gegen das SchwarzArbG verstoßen könnte! Sanktion!

Wann liegt ein vorvertragliches Schuldverhältnis vor? Genügt es, wenn jemand ohne konkrete Kaufabsichten ein neu eröffnetes Geschäft betritt, um sich über das Warenangebot zu informieren?

↳ SchuldR AT I: Karteikarte Nr. 22

Vorvertragliches Schuldverhältnis

⇨ Subsumtion unter die Fallgruppen des **§ 311 II Nr. 1-3**

Nicht bereits jeder gesteigerte soziale Kontakt; vielmehr vertragsähnliches Vertrauensverhältnis, das zumindest mittelbar zum Vertragsschluss führen kann und soll

Betreten eines Geschäftes ohne konkrete Kaufabsicht genügt vorliegend, da Information über Warensortiment jedenfalls **potentiell** auf den Abschluss eines Vertrages gerichtet ist: Vertragsanbahnung i.S.d. § 311 II Nr. 2 (+)!

Anders, wenn z.B. nur zum Schutz vor Regen Geschäft betreten wird

Nennen Sie die wichtigsten Fallgruppen, bei denen eine Pflichtverletzung im vorvertraglichen Schuldverhältnis in Betracht kommt!

↳ SchuldR AT I: Karteikarte Nr. 23

Pflichtverletzungen im vorvertragl. SV, § 241 II

Schutzpflicht-verletzung	Verletzung von Rechtsgütern durch Verhalten (pos. Tun / pflichtwidriges Unterlassen) einer Seite, z.B.: Geschäftsinhaber muss Verkaufsräume in ordnungsgem. Zustand halten
Abbruch von Vertragsverhand-lungen	Pflichtverletzung nur, wenn Vertrauen in Vertrags-abschluss geweckt und Verhandlungen ohne vernünftigen Grund abgebrochen
Abschluss unwirk-samer Verträge	Z.B.: Wenn erkennbar nur eine Seite Formhinder-nis kennt und andere Seite nicht darauf hinweist
Abschluss nach-teiliger Verträge	Problematisch hierbei: **Abgrenzung** vom Mängel-recht!

Hat der Käufer bei einem nach den §§ 311b I S.1, 125 S.1 BGB formunwirksamen Grundstückskaufvertrag ohne weiteres einen Anspruch aus §§ 280 I, 311 II, 241 II BGB (c.i.c.) gegen den Verkäufer wegen der Formnichtigkeit?

SchuldR AT I: Karteikarte Nr. 27

Grds. obliegt es **beiden** Parteien in **gleichem** Maße, Formwirksamkeit sicherzustellen; Pflichtverletzung allenfalls dann, wenn eine Partei Bedenken bzgl. der Formwirksamkeit hat und diese der anderen Seite nicht mitteilt: Aufklärungspflicht!

↓

Problem: Gefahr des Wertungswiderspruchs zu § 125 S.1!

Daher **strenge Anforderungen** an Pflichtverletzung zu stellen: Grenze überschritten bei bewusstem Täuschen der anderen Seite über Formbedürftigkeit (Sachverhalt auswerten; einzelfallabhängig!)

Ist die Aussage richtig, die c.i.c. ersetze (nur) den Vertrauensschaden?

↳ Schuldrecht AT, Rn. 267 f.

Ersatzfähiger Schaden bei c.i.c., §§ 280 I, 311 II

Rechtsfolge des § 280 I ist SE nach **§§ 249 ff.**: Geschädigter ist so zustellen, wie er *ohne* die Pflichtverletzung *stünde*

Da Geschädigter i.d.R. im Ergebnis dabei so zu stellen ist, wie wenn er die Vertragsverhandlungen überhaupt nicht aufgenommen hätte, entspricht der Schaden i.d.R. dem neg. Interesse (Unterfall: Vertrauensschaden).
Dies ist jedoch **nicht zwingend**: Wird z.B. infolge der Pflichtverletzung der Vertrag nicht (wirksam) geschlossen, ist Geschädigter so zu stellen, wie wenn Vertrag wirksam wäre: entspricht dem positiven Interesse (selten)!

Kann ein Anspruch aus §§ 280 I, 311 II, 241 II BGB sich auch gegen Personen ergeben, die als Vertreter oder Verhandlungsgehilfen in die Vertragsverhandlungen eingeschaltet wurden?

↳ SchuldR AT I: Karteikarte Nr. 28

Haftung Dritter nach §§ 280 I, 311 II, 241 II

↓

Grds. (-), da weder Vertreter noch sonst. Verhandlungsgehilfe **Partei** des vorvertragl. SV. ist

Auf Grundlage von § 311 III jedoch:
Ausnahmsweise Eigenhaftung des Vertreters oder des Verhandlungsgehilfen (letzteres sog. „Sachwalterhaftung"):

- eigenes wirtschaftl. Interesse: eigentl. wirtsch. Interessenträger ist der **Dritte** (z.B.: Strohmanngeschäfte; nicht ausreichend: bloßes Provisionsinteresse) **oder / und**
- Inanspruchnahme besonderen persönlichen Vertrauens, insbes. bei besonderer Sachkunde des Dritten, § 311 III S.2

Kann ein geschäftsunfähiges Kind, das von seiner Mutter beim Einkaufen mitgenommen wurde und durch ein umkippendes Regal verletzt wird, gegen den Geschäftsinhaber einen Anspruch aus c.i.c. haben?

↳ Schuldrecht AT, Rn. 212 f.

Grds. Anspruch aus §§ 280 I, 311 II wg. Schutzpflichtverletzung denkbar, aber Problem: *Kind* hat keine Kaufabsichten, vorvertragl. Sonderverbindung (-)!
Daher Anspruch nur i.V.m. den Grundsätzen des Vertrages mit Schutzwirkung zugunsten Dritter anwendbar (im Einzelnen vgl. später)

↓ ↓

- „Leistungs“nähe (+)
- Gläubigernähe wg. personenrechtl. Einschlag zur Mutter (+)
- Erkennbarkeit für Geschäftsinhaber i.d.R. (+)
- Schutzbedürftigkeit mangels eigenen vertragl. Anspruches (+)

Ergebnis: Anspruch (+)!

Was versteht man unter einer Gattungs-, was unter einer Stückschuld?
Wie lässt sich die sog. Vorratsschuld einordnen?

SchuldR AT I: Karteikarte Nr. 32

Stückschuld

Nach Parteivereinbarung soll nur ein konkreter Gegenstand erfüllungstauglich sein

z.B.: Kauf einer antiken Vase

Gattungsschuld

Leistungsgegenstand ist nach allgemeinen Merkmalen bestimmt, es soll nach Parteivereinbarung nicht ein *bestimmtes* Stück geschuldet werden; § 243 I

z.B.: Kauf eines konfigurierten *Neu*wagens beim Autohändler

Begrenzte Gattungsschuld (Vorratsschuld)

Lieferung aus einem bestimmten Vorrat geschuldet; dabei *mehrere* Gegenstände erfüllungstauglich, sofern sie aus dem Vorrat stammen und im Übrigen der Parteivereinbarung entsprechen (z.B.: Kauf von 10 kg Äpfel von einem Bauern aus eigenem Anbau); ist Unterfall der Gattungsschuld!

Was ist unter Leistungsgefahr zu verstehen? Wer trägt sie bei der Gattungs-, Stück- oder Vorratsschuld?

↳ SchuldR AT I: Karteikarte Nr. 32

Leistungs-gefahr	Regelt die Frage: Wer trägt die Gefahr des Untergangs des Leistungsgegenstandes? D.h.: **Schuldner**: wenn erneut geleistet werden muss **Gläubiger**: wenn Anspruch erlischt

Stückschuld: Schuldner wird von Leistungspflicht befreit, § 275 I-III; Leistungsgefahr trägt also der **Gläubiger** (der Sachleistung, z.B.: Käufer)

Gattungsschuld: Gattungsschuld = Beschaffungsschuld; solange Gattung noch besteht, trägt **Schuldner** Leistungsgefahr, muss also beim Untergang einer einzelnen Gattungssache *erneut* leisten, keine Unmöglichkeit, vgl. §§ 276 I S.1, 275 II S.2 (Ausn.: §§ 243 II, 300 II)

Vorratsschuld: Wie sonst bei Gattungsschuld: Solange noch erfüllungstaugliche Gegenstände aus dem Vorrat existieren, muss der **Schuldner** erneut leisten, er trägt die Leistungsgefahr. § 275 allerdings, wenn *gesamter Vorrat* untergeht: Hierfür trägt **Gläubiger** die Leistungsgefahr, wie bei Stückschuld

Welche Bedeutung hat in diesem Zusammenhang § 243 II BGB?

↳ SchuldR AT I: Karteikarte Nr. 33

§ 243 II

Hat der Schuldner das **seinerseits Erforderliche** (vgl. KK Nr. 39) getan, wandelt sich die Gattungsschuld in eine Stückschuld um, § 243 II („Konkretisierung")
Damit trägt der Gläubiger von diesem Zeitpunkt an die **Leistungsgefahr**, da bei einem Untergang des Leistungsgegenstandes der Schuldner von seiner Leistungspflicht befreit wird, § 275 I

§ 243 II bewirkt also einen **Übergang der Leistungsgefahr** vom *Schuldner* auf den *Gläubiger*!

Was ist unter Leistungs-, Erfolgs- und Erfüllungsort zu verstehen?

Inhalt des Schuldverhältnisses

↳ SchuldR AT I: Karteikarte Nr. 40

Leistungsort	Erfolgsort
= Ort, an dem der Schuldner die Leistungshandlung vorzunehmen hat	= Ort, an dem der geschuldete Leistungserfolg einzutreten hat
= Handlung, die erforderlich ist, um Leistungserfolg *herbeizuführen*	z.B. bei § 433 I S.1: Eigentumserwerb und Besitzerlangung an *diesem* Ort

Dieser Ort wird vom Gesetz missverständlich teilw. als **Erfüllungsort** bezeichnet (vgl. §§ 447 I, 448 I; § 29 ZPO)

Welche drei Schuldtypen sind aufgrund der Unterscheidung zwischen Leistungs- und Erfolgsort zu bilden?

↳ SchuldR AT I: Karteikarte Nr. 40

Einteilung der Schuldtypen nach Leistungs- / Erfolgsort

Holschuld	Gläubiger hat Gegenstand am Wohnort des Schuldners abzuholen	Dort Leistungs- und Erfolgsort!
Bringschuld	Schuldner hat Gegenstand an den Wohnort des Gl. zu bringen	Dort Leistungs- und Erfolgsort!
Schickschuld	Schuldner hat Gegenstand an den Wohnort des Gl. zu schicken	**Leistungsort:** Wohnort des Schuldners **Erfolgsort:** Wohnort des Gläubigers

Wann tritt bei Hol-, Bring- und Schickschuld Konkretisierung nach § 243 II BGB ein?

↳ SchuldR AT I: Karteikarte Nr. 33

Leistung einer Sache *mittlerer Art und Güte* (§ 243 I)

+

Schuldner hat das *seinerseits Erforderliche* getan (§ 243 II)	
Holschuld	Schuldner muss Sache aussondern, bereitstellen und den Gl. benachrichtigen (es sei denn: Abholtermin vereinbart!)
Bringschuld	Schuldner muss Sache dem Gläubiger an dessen Wohnsitz in Annahmeverzug begründender Weise (§§ 293 ff.) tatsächlich anbieten
Schickschuld	Schuldner muss Sache an Transportperson übergeben bzw. anderweitig Versendung veranlassen

Kann der Schuldner eine einmal eingetretene Konkretisierung wieder rückgängig machen?

SchuldR AT I: Karteikarte Nr. 33

Bindung des Schuldners an Konkretisierung?

z.B.: Gläubiger hat angebotene Sache nicht angenommen, Schuldner will diese an Dritten veräußern, ohne ggü. dem Gläubiger die Rechtsfolgen der Unmöglichkeit auszulösen

e.A. (teilw. RSprech.)

Rückgängigmachung nicht möglich, da sich Recht des Gläubigers auf den konkreten Leistungsgegenstand bezieht

Aber: **§ 242**, wenn Gläubiger Annahme verweigert hat oder durch Rückgängigmachung nicht benachteiligt wird

a.A.

Konkretisierung tritt allein im Interesse des **Schuldners** ein, der auf diesen Schutz verzichten kann. Gattungsschuld lebt wieder auf, Position des Gläubigers wird nicht beeinträchtigt!

Wie ist zu bestimmen, ob eine Hol-, Bring- oder Schickschuld vorliegt?

↳ SchuldR AT I: Karteikarte Nr. 40

Vorrangig ist auf Parteivereinbarung, hilfsweise auf die Verkehrssitte abzustellen:
Wenn Erfolgsort beim **Gläubiger**, dann eher Schick- als Bringschuld, da angemessene Verteilung der Gefahrbereiche; Bringschuld aber, wenn Lieferung als besonderer Service geschuldet oder wenn Lieferung problematisch ist (z.B.: Lieferung größerer Mengen von Heizöl)

↓

Nur wenn obige Auslegung **nicht** zum Ziel führt: Gesetzl. Anordnung von Leistungs- / Erfolgsort

- besondere Regelungen z.B. §§ 261, 697
- allgemein: § 269 I, im Zweifel **keine Bringschuld**

Was ist mit den Begriffen „Erfüllbarkeit“ und „Fälligkeit“ gemeint? In welchen Bereichen sind diese Zeitpunkte vor allem von Bedeutung?

SchuldR AT I: Karteikarte Nr. 41

Erfüllbarkeit	Fälligkeit
= ZP, ab dem der Schuldner die Leistung bewirken **kann**, § 271 I Alt. 2	= ZP, ab dem der Schuldner die Leistung bewirken **muss**, der Gläubiger sie also verlangen kann, § 271 I Alt. 1
• Erst ab diesem ZP Erfüllung i.S.d. §§ 362 ff. mgl., insbesondere Aufrechnung, § 387 a.E. • vorher kein Annahmeverzug möglich	• Voraussetzung des Schuldnerverzuges, § 286 I S.1 • Aufrechnungslage: Gegenforderung muss fällig sein, § 387 • ZBR, § 273 I • Vss. für Rücktritt gem. § 323

Warum wird die Geldschuld als „qualifizierte Schickschuld“ und nicht als Bringschuld bezeichnet?

SchuldR AT I: Karteikarte Nr. 36

Geldschuld, § 270

Gem. § 270 I trägt Schuldner Leistungsgefahr bis zur Übermittlung an Wohnort des Gläubigers (dabei: Geldschuld = Beschaffungsschuld, „Geld hat man zu haben"!); i.E. genau wie bei (Gattungs-) **Bringschuld**!

Aber: Für Rechtzeitigkeit der Leistung (Ausschluss des Verzuges!) kommt es auf Leistungshandlung in Form des *Absendens* des Geldbetrages an (bzw.: Veranlassung der Überweisung), insofern wie bei **Schickschuld**!

↓

Daher geht h.M. von Schickschuld aus, die wg. Verschärfung der Leistungsgefahr z.L. des Schuldners qualifiziert ist; Leistungsort bleibt der Wohnort des Schuldners, vgl. auch §§ 270 IV, 269 I

Ist § 243 II BGB auf Geldschulden anwendbar? Warum kann diese Frage im Regelfall unentschieden bleiben?

SchuldR AT I: Karteikarte Nr. 36

Konkretisierung bei Geldschulden

H.M. **lehnt** Anwendbarkeit von § 243 II auf Geldschulden **ab**:
- Geldschuld ist keine Gattungsschuld: § 243 I passt nicht
- außerdem müßte § 270 I als Sondervorschrift zu § 243 II angesehen werden, da Übergang der Leistungsgefahr (obwohl Schickschuld!) nicht bereits mit *Absenden* des Geldes eintreten darf!

Kann aber i.d.R. dahingestellt bleiben:
Da auch **Mindermeinung** *nur* bei einem tatsächlichen Angebot in Annahmeverzug begründender Weise § 243 II annimmt (also: Geldschuld wird insoweit wie Bringschuld behandelt): in diesen Fällen tritt auch nach **h.M.** wg. § 300 II infolge des Annahmeverzuges ein Leistungsgefahrübergang ein, daher kommen beide Ansichten i.d.R. zum gleichen Ergebnis!

Wie sind Wahlschuld und Ersetzungsbefugnis (dogmatisch) voneinander abzugrenzen?

SchuldR AT I: Karteikarte Nr. 37

Wahlschuld	Ersetzungsbefugnis
Mehrere Leistungen werden geschuldet, wobei nur eine erbracht werden muss (dann Erfüllung, § 362 I) Auswahl steht i.Zw. dem Schuldner zu, § 262	Eine Leistung wird geschuldet; diese kann aber durch eine andere ersetzt werden

Gesetzl. nicht geregelt; Ersetzungsbefugnis **des Gl.** aber z.B. in § 249 II S.1 vorausgesetzt; Ersetzungsbefugnis **des Schu.** nichts anderes als eine von *vorneherein* vereinbarte Annahme an Erfüllungs Statt, 364 I. Wichtigster Fall: Inzahlunggabe von PKW (h.M.), vgl. KK 43

Welcher wesentliche Unterschied zwischen Ersetzungsbefugnis und Wahlschuld besteht im Hinblick auf das Unmöglichkeitsrecht?

↳ SchuldR AT I: Karteikarte Nr. 37

Auswirkungen der Unmöglichkeit

Wahlschuld

Vor der Wahl:
Wird eine der Leistungen unmöglich, bleibt Schu. zur anderen Leistung verpflichtet, § 265 S.1 (Ausnahme: § 265 S.2)
Nach der Wahl:
Wg. § 263 II kommt es nur auf Möglichkeit der *gewählten* Leistung an (es gilt insoweit allgemeines UnmöglichkeitsR)

Ersetzungsbefugnis

Allein maßgeblich ist die Möglichkeit der **primär** geschuldeten Leistung, d.h.: Wird bzw. ist *Ersatz*leistung unmöglich, bleibt der Schu. zur Primärleistung verpflichtet; wird / ist *Primär*leistung unmöglich, erlischt die Leistungspflicht (§ 275 I-III)

Welche Möglichkeiten kommen in Betracht, die Inzahlunggabe eines Altwagens beim Kauf eines Neuwagens rechtlich zu qualifizieren?

↳ SchuldR AT I: Karteikarte Nr. 38

Inzahlunggabe des Altwagens beim Neuwagenkauf

Doppelkauf mit Verrechnungsabrede	Je ein Kaufvertrag über Alt- sowie Neuwagen; Kaufpreise werden, soweit sie sich decken, verrechnet
Gemischter Vertrag aus Kauf und Tausch	Nur *ein* Vertrag mit Kauf- und Tauschelementen
Vereinbarung einer Ersetzungsbefugnis	Ersetzungsbefugnis auf Schuldnerseite bzgl. der Käuferpflicht aus § 433 II; Ersatzleistung = Übereignung des Altwagens (vgl. KK Nr. 45)

Wann ergibt sich aus Treu und Glauben ein Auskunftsanspruch?

↳ SchuldR AT I: Karteikarte Nr. 39

Allgemeiner Auskunftsanspruch, § 242

(1)	Bestehen eines Schuldverhältnisses zw. den Beteiligten	Nicht nur Vertrag, auch z.B. SV infolge unerlaubter Handlung
(2)	Unverschuldete Ungewissheit des Anspruchstellers	bzgl. Inhalt / Umfang des Anspruchs; auch keine Möglichkeit, Information selbst zu beschaffen
(3)	Anspruchsgegner kann Auskunft unschwer geben	Zumutbarkeit der Auskunftserteilung für Anspruchsgegner

Grenzen Sie die Vertragsstrafe vom selbständigen Strafgedinge sowie von der Verfallklausel ab!

↳ SchuldR AT I: Karteikarte Nr. 44

Selbständiges Strafgedinge

Setzt im Gegensatz zur Vertragsstrafe (= *unselbständiges* Strafgedinge) **keine Hauptverbindlichkeit** voraus: Für den Fall eines bestimmten Verhaltens wird Strafe versprochen, ohne dass auf das Unterbleiben des Verhaltens ein Anspruch besteht (§§ 343, 344 aber analog anwendbar)

Verfallklausel

Im Falle eines bestimmten Verhaltens (typischerweise: Pflichtverletzung) verliert der Schuldner eigene Rechte; anders Vertragsstrafe, bei der eine *zusätzliche* Leistung versprochen wird (Auf Verfallklausel aber §§ 339 ff. analog anzuwenden).

Wann gilt eine geschuldete Leistung als bewirkt i.S.d. § 362 I BGB?

↳ SchuldR AT I: Karteikarte Nr. 43

Erlöschen durch Erfüllung
„Bewirken" der Leistung

= Herbeiführung des Leistungs*erfolges*, nicht nur Leistungshandlung

Richtiger Leistender
= **Schuldner**; Ausnahme: §§ 267 f.

Richtiger Empfänger
= **Gläubiger**; Ausnahme: z.B. §§ 362 II, 407 f.

Richtige Leistung
Kein **Aliud**; Art und Weise der Leistung (Ort, Zeit; bei Gattungsschulden § 243 I)

Welche Theorien werden zur Rechtsnatur der Erfüllung vertreten?

SchuldR AT I: Karteikarte Nr. 47

Erfüllungstheorien

Vertragstheorie	Theorie der realen Leistungsbewirkung (h.M.)
Erfüllung tritt nur ein, wenn **über die Erfüllung** als solche ein (i.d.R. konkludenter) **Vertrag** geschlossen wurde Abweichend die **eingeschränkte VertragsTh.**, wonach Vertrag nur dann erforderlich, wenn Leistungserfolg auch Vertrag voraussetzt (z.B.: dingl. Einigung bei § 929 S.1)	**Kein Vertrag** bzgl. Erfüllung erforderlich, „Bewirken" durch Eintritt des Leistungserfolges! Vorzugswürdig, vgl. Wortlaut § 362 I

Kann gegenüber einem Minderjährigen wirksam erfüllt werden?

↳ SchuldR AT I: Karteikarte Nr. 48

Erfüllung ggü. Minderjährigem

Nach **VertragsTh.** (-), da Erfüllung für Mj. nachteilig: Er verliert den fragl. Anspruch! Daher § 107, schwebende Unwirksamkeit

§ 107 nach herrschender **Theorie der realen Leistungsbewirkung** nicht direkt anwendbar; zum Schutz des Mj. wird Erfüllung daher mangels „Empfangszuständigkeit" des Mj. abgelehnt.

Also **Erfüllung** (-), Kondiktion wg. subjektiver Rechtsgrundlosigkeit nach § 812 I S.1 Alt. 1 möglich. Nicht zu verwechseln mit Frage, ob Mj. den zur Erfüllung hingegebenen Gegenstand wirksam erwerben kann! Dies regelmäßig wg. rechtl. Vorteilhaftigkeit (+)!

Kann eine Leistung an einen Dritten Erfüllungswirkung haben? Nennen Sie beispielhaft einige Vorschriften, die dies anordnen bzw. zulassen!

↳ SchuldR AT I: Karteikarte Nr. 49

Befreiende Leistung an Dritte

Grds. hat nur Leistung an **Gläubiger** Erfüllungswirkung; Gesetz läßt jedoch an verschiedenen Stellen Ausnahmen zu:

- § 362 II, 185: Empfangsermächtigung durch Gläubiger
- §§ 407 ff.: Schuldnerschutz bei Abtretung (vgl. auch § 354a I S.2 HGB)
- § 851: SE anstatt an Eigentümer an von diesem verschiedenen Besitzer
- § 793 I S.2
- § 808 I: v.a. beim Sparbuch
- Legitimation des vermeintl. Gläubigers durch bes. Rechtsschein: § 893 (Grundbuch), § 1155 (beglaubigte Abtretungserklärung), § 2367 (Erbschein)

Kann ein Dritter mit befreiender Wirkung für den Schuldner leisten?

↳ SchuldR AT I: Karteikarte Nr. 42

Befreiende Leistung durch Dritten

§ 267

(1) Keine höchstpersönliche Leistungspflicht (z.B.: Opernsänger)
(2) Tilgungsbestimmung des Dritten, d.h.: (konkl.) Erklärung, für den Schuldner in eigenem Namen leisten zu wollen (z.B. nicht bloßer Leistungsmittler, z.B. Bank bei Überweisung!
(3) Kein Widerspruch des Schu. + Ablehnung des Gl., § 267 II

§ 268

Ablösungsrecht des Dritten; **kein** WiderspruchsR wie § 267 II;
Sonderfälle v.a.: §§ 1150, 1249

Wie kann der Rückgriff des nach § 267 BGB leistenden Dritten gegen den Schuldner erfolgen?

↳ BereicherungsR, Rn. 202 ff.

Regressmöglichkeiten bei Leistung nach § 267

Vertragl. Ansprüche	z.B. wenn Dritter zur Leistung i.S.d. §§ 662 ff. beauftragt: § 670
GoA	Ber. GoA: §§ 683 S.1, 670; Nichtber. GoA: §§ 684 S.1, 818 ff. Voraussetzung jedenfalls: Fremdgeschäftsführungswille; (-), wenn Dritter auf eigene Schuld leisten wollte
§ 812 I S.1 Alt. 2	Nichtleistungskondiktion; nicht neben ber. GoA anwendbar, diese bildet Rechtsgrund; daher nur neben nichtber. GoA oder bei fehlendem Fremdgeschäftsführungswillen (i.d.R. dabei *nachträgliche* Tilgungsbestimmung)

Worin besteht der wesentliche Unterschied zwischen einer Leistung an Erfüllungs Statt und einer Leistung erfüllungshalber?

SchuldR AT I: Karteikarte Nr. 51

Leistung an Erfüllungs Statt	Leistung erfüllungshalber
Mit Bewirkung der Ersatzleistung erlischt die Schuld, § 364 I Dabei Vertrag über die Annahme an Erfüllungs Statt erforderlich, §§ 104 ff. gelten	Schuld erlischt mit Hingabe des erfüllungshalber geleisteten Gegenstandes nicht, sd. erst mit Befriedigung aus dem Gegenstand Ebenfalls entspr. Vertrag nötig
↓	↓
Verwertungsrisiko trägt der **Gläubiger** ⟷	Verwertungsrisiko trägt der **Schuldner**

Erfolgt eine Abtretung einer Forderung gegen einen Dritten regelmäßig erfüllungshalber oder an Erfüllungs Statt?

↳ SchuldR AT I: Karteikarte Nr. 51

Abgrenzung erfolgt durch Auslegung der der Leistung an Erfüllungs Statt bzw. erfüllungshalber zugrunde liegenden vertragl. Absprache, §§ 133, 157; hierbei Interessen der Parteien berücksichtigen

↓

Im Regelfall wird Gläubiger nicht das **Risiko der Zahlungsunfähigkeit** des dritten Schuldners übernehmen wollen; Schuldner soll daher **Verwertungsrisiko** tragen; im Zweifel ist daher von Leistung erfüllungshalber auszugehen, vgl. auch § 364 II!

Trägt der Gläubiger bei einer Abtretung an Erfüllungs Statt auch das Risiko, dass die abgetretene Forderung überhaupt nicht besteht?

Leistung an Erfüllungs Statt: Schuldner haftet wie Verkäufer, § 365; bei Abtretung an Erfüllungs Statt also wie Forderungsverkäufer (= Rechtskauf)

Nach §§ 365, 311a II: *Nichtbestehen* der Forderung = Fall der anfänglichen Unmöglichkeit; bei Kenntnis / fahrlässiger Unkenntnis des Schuldners: SE statt der Leistung

Rechtsfolge: Erloschener Anspruch wird wieder begründet.

Vorsicht: Keine Haftung für die Durchsetzbarkeit der Forderung; diese trägt *immer* der Gläubiger!

Zwischen welchen beiden Formen der Hinterlegung ist im Hinblick auf deren schuldrechtliche Wirkungen zu unterscheiden?

SchuldR AT I: Karteikarte Nr. 53

Hinterlegung, §§ 372 ff.

Ausschluss des Rücknahmerechts	Kein Ausschluss des Rücknahmerechts
Bei Verzicht, Annahme durch Gl., Urteil bzgl. Rechtmk. der Hinterlegung (§ 376 II)	Gesetzlicher Regelfall, wenn keine Ausnahme nach § 376 II, vgl. § 376 I
Rechtsfolge: Hinterlegung hat Erfüllungswirkung, § 378	**Rechtsfolge:** Keine Erfüllungswirkung; Einrede nach § 379 I; Gl. trägt Gegenleistungsgefahr, § 379 II

Nennen Sie die allgemeinen Voraussetzungen der Aufrechnung!

↳ SchuldR AT I: Karteikarte Nr. 55

Aufrechnungsvoraussetzungen

(1)	Aufrechnungslage	(1) **Gegenseitigkeit** der Forderungen (2) **Gleichartigkeit** der Forderungen (3) Bestehen, **Fälligkeit**, **Durchsetzbarkeit** der Gegenforderung, §§ 387, 390 S.1 (4) Bestehen, **Erfüllbarkeit** der Hauptforderung, § 387
(2)	Aufrechnungs-erklärung	**§ 388**; einseitiges Rechtsgeschäft
(3)	Kein Aufrechnungs-verbot	v.a. **§§ 393, 394**

Welche Forderung ist mit Haupt-, welche mit Gegenforderung gemeint? „Mit“ welcher Forderung wird „gegen“ welche aufgerechnet?

↳ SchuldR AT I: Karteikarte Nr. 55

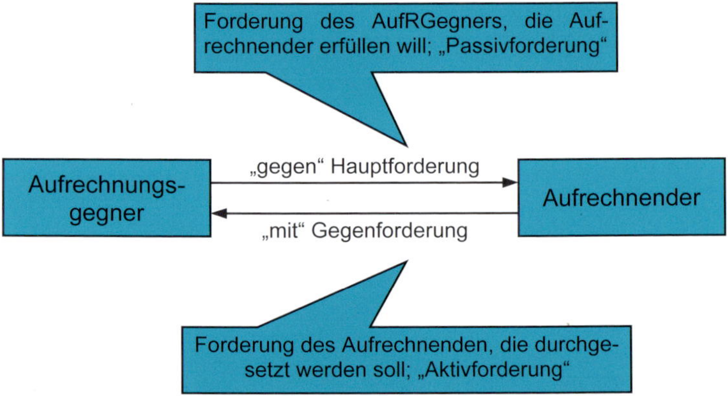

Welche Ausnahmen vom Prinzip der Gegenseitigkeit kennen Sie?

↳ SchuldR AT I: Karteikarte Nr. 56

Gegenseitigkeit

D.h.: Die HauptFo. muss dem Aufrechnungsgegner, die GegenFo. dem Aufrechnenden gegen den anderen zustehen; **Ausnahmen:**

§ 407

Aufrechnung **vor Kenntnis** der Abtretung ggü. Zedent, obwohl dieser nicht mehr Inhaber der Hauptforderung (Schuldnerschutz)

§ 406

Erhaltung der Aufrechnungslage, daher AufR ggü. **Zessionar**, obwohl gegen diesen Gegenforderung nicht gerichtet (sd. weiterhin gegen Zedent)

§§ 268 II, 1142 II, 1150, 1249

Ablösungsberechtigung Dritter: Ausnahme, da gegen diesen Hauptforderung nicht gerichtet ist

Erläutern Sie den Regelungsgehalt von § 390 BGB. Welche wichtige Ausnahme gibt es?

↳ SchuldR AT I: Karteikarte Nr. 59

§ 390: *Gegenforderung* darf nicht einredebehaftet sein („Einredefreiheit“ der Gegenforderung).

Achtung: Auf *Erhebung* der Einrede kommt es nicht an!

Ausnahme:

§ 215: *Verjährungseinrede* ist unschädlich, wenn vor Verjährung Aufrechnungslage bestanden hat!

Welchen Regelungszweck hat § 393 BGB?

↳ SchuldR AT I: Karteikarte Nr. 61

§ 393

Aufrechnungsverbot, wenn Hauptforderung aus *vorsätzlicher* unerlaubter Handlung herrührt

Ratio legis:

- Geschädigter soll möglichst schnell Anspruch durchsetzen können, ohne dass Schädiger Prozess durch Geltendmachung einer Gegenforderung verlängern könnte
- Gläubiger soll nicht die Möglichkeit haben, sich durch Schädigung des Schuldners und anschließende Aufrechnung zu befriedigen

Kann die Aufrechnung unter einer Bedingung erklärt werden?

SchuldR AT I: Karteikarte Nr. 63

Grundsatz: Bedingungsfeindlichkeit der Aufrechnung, § 388 S.2

Potestativbedingung	§ 388 S.2 teleol. einzuschränken, wenn Eintritt der Bedingung nur vom Aufrechungsgegner abhängig ist (sog. Potestativbedingung)
Prozessaufrechnung	Bedingung: Gericht kommt zur Erkenntnis, dass HauptFo. besteht; als rein innerprozessuale Bedingung keine Rechtsunsicherheit; vgl. § 45 III GKG, § 388 S.2 (-)
Rechtsbedingung	Keine echte Bedingung i.S.d. § 158, da kein zukünftiges, ungewisses Ereignis; keine Rechtsunsicherheit, daher § 388 S.2 (-)

Kann ein Schuldner, der in Unkenntnis einer bestehenden Aufrechnungslage leistet, das Geleistete nach §§ 812 I S.1 Alt. 1, 813 I BGB herausverlangen?

↳ SchuldR AT I: Karteikarte Nr. 64

Aufrechnungslage schafft Möglichkeit zur Erfüllung, gibt aber **keine *Einrede***, § 813 I direkt nicht anwendbar

Gegen Analogie spricht **Vergleichbarkeit der Interessenlagen**: Einrede gibt LeistungsverweigerungsR, Aufrechnungslage nicht!

→ Kein Rückforderungsanspruch!

Darf ein Gericht bei einer Prozessaufrechnung über eine rechtswegfremde Gegenforderung entscheiden?

↳ SchuldR AT I: Karteikarte Nr. 65

Aufrechnung mit rechtswegfremder Forderung

Grds. § 17 II S.1 GVG: Über Gegenforderung als Voraussetzung der Aufrechnung als Erlöschensgrund der eingeklagten Forderung darf entschieden werden, Ausnahme: § 17 II S.2 GVG

Dies hätte aber zur Folge, dass Gericht eine rechtskräftige Entscheidung über eine Forderung des „falschen" Rechtswegs treffen würde, vgl. § 322 II ZPO, daher nach h.M. Aufrechnung mit rw.fremder Fo. **abzulehnen**

Ausnahmen:

- Gegenforderung rechtskräftig festgestellt oder unbestritten
- teilw. zugelassen: Im Zivilverfahren Gegenforderung aus Arbeitsrechtsweg und umgekehrt; dies jedoch besser abzulehnen, da Arbeitsrechtsweg ebenso eigenständiger Rechtsweg ist, vgl. §§ 2, 48 ArbGG!

Welcher Unterschied besteht zwischen einem Erlass- und einem Aufhebungsvertrag?

↳ SchuldR AT I: Karteikarte Nr. 32

Erlassvertrag	↔	Aufhebungsvertrag
§ 397 I; führt zum Erlöschen einer einzelnen Forderung, d.h.: eines Schuldverh. **i.e.S.**		Nicht gesetzl. geregelt; Privatautonomie, § 311 I. Führt zur Beseitigung des Vertragsverhältnisses als ganzes (z.B.: Arbeitsvertrag): Schuldverh. **i.w.S.**

Bedarf die vertragliche Aufhebung eines Grundstückskaufvertrages einer besonderen Form, wenn das Grundstück bereits übereignet wurde?

SchuldR AT I: Karteikarte Nr. 68

Grds. ist Aufhebungsvertrag formfrei; jedoch möglicherweise **§ 311b I S.1** anzuwenden

e.A.	a.A.
Auslegung, §§ 133, 157: • wenn *nur Aufhebung* vereinbart: Rückübertragungspflicht aus § 812 I S.2 Alt. 1, bei gesetzl. Verpflichtung § 311b I S.1 aber nicht anwendbar • wenn *auch Rückübertragung* vereinbart: § 311b I S.1 (+)	Beide Fälle praktisch schwer zu unterscheiden; Rückübertragungspflicht ergibt sich auch bei fehlender Einigung jedenfalls mittelbar aus dem Aufhebungsvertrag; unterschiedliche Behandlung widerspricht dem in § 311b I S.1 niedergelegten Übereilungsschutz ⇨ § 311b I S.1 generell (+)

Durch welche Gestaltungsrechte kann ein Schuldverhältnis zum Erlöschen kommen?

↳ SchuldR AT I: Karteikarte Nr. 69

Ausübung von Gestaltungsrechten als Erlöschensgrund

Rücktritt	Allgemeine Regelungen in §§ 346 ff.; Rücktrittsgrund aufgrund Gesetzes oder Vertrages Noch *nicht erfüllte* Leistungspflichten erlöschen
Kündigung	Bei Dauerschuldverhältnissen; keine Rückabwicklung (anders als Rücktritt), Wirkung ex nunc (anders als Anfechtung); z.B. § 314; § 626
Anfechtung	§ 142 I (v.a. §§ 119 ff., vgl. BGB-AT)
Widerruf	sofern rechtsvernichtend, z.B. §§ 355, 530, 610, 658, 671, 690; rechtshindernder Widerruf (z.B. § 109 I) bereits bei *Entstehung* des Anspruchs zu prüfen

Nennen Sie die Voraussetzungen für einen wirksamen Rücktritt!

Voraussetzungen des Rücktritts

(1)	Rücktritts*grund*	Vertragl. / gesetzl. (z.B. § 323)
(2)	Rücktritts*erklärung*	§ 349; einseitige empfangsbed. WE

Gewährt § 449 II BGB ein Rücktrittsrecht?

↳ SchuldR AT I: Karteikarte Nr. 72

§ 449 II bestimmt nur, dass Rücktritt Voraussetzung für Rückforderung der Sache (reine Klarstellung).

Rücktrittsvoraussetzungen richten sich nach den allgemeinen Vorschriften

⇩

Gem. § 323 I *gesetzliches* Rücktrittsrecht bei Nichtzahlung trotz Fälligkeit und Nachfristsetzung
⇨ Achtung: Vereinbarung eines *vertraglichen* Rücktrittsrechts für Fall der Nichtzahlung möglich

Führt ein wirksamer Rücktritt zu Kondiktionsansprüchen wegen nachträglichem Wegfall des Rechtsgrundes, § 812 I S.2 Alt. 1 BGB?

Wirkung des Rücktritts

Bereits empfangene Leistungen sind zurückzugewähren, § 346 I. Mit Ausübung des Rücktrittsrechts wandelt sich urspr. SchuldVerh. in ein Rückgewährschuldverhältnis um

Damit entfällt **nicht** der Rechtsgrund; vielmehr bleibt er in Form des Rückgewährschuldverhältnisses bestehen, § 812 I S.2 Alt. 1 (-)

Kann ein Rücktrittsrecht auch durch AGB vereinbart werden?

Gemeinsame Vereinbarung nötig, auch konkludent möglich i. Zw. ⇨ **§§ 133, 157**; im Handelsrecht § 346 HGB berücksichtigen

AGB grundsätzlich möglich,
ABER: besondere Einbeziehungsvoraussetzungen, §§ 305 - 305 c, und
Inhaltskontrolle: **§ 308 Nr. 3** - nur, wenn für **sachlich gerechtfertigten Grund**
Beachte auch § 309 Nr. 8a als Schranke eines vertragl. Rücktrittsausschlusses

Vertragliches Rücktrittsrecht (+)

Geben Sie eine Übersicht der verschiedenen Rücktrittsfolgen!

Schuldrecht AT, Rn. 545 ff.

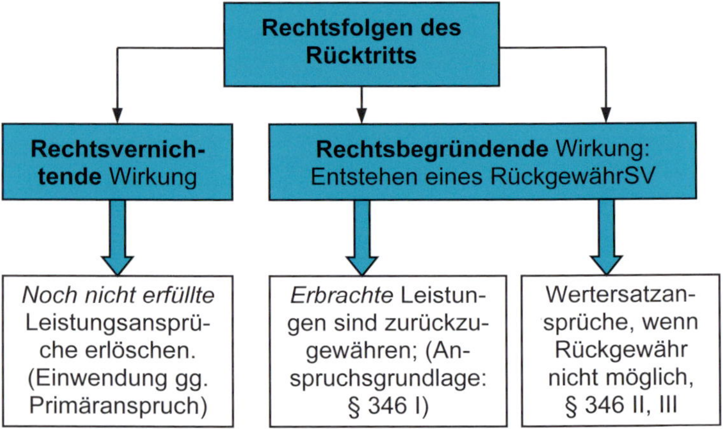

Wann ist der Rücktrittsschuldner nach § 346 II BGB zum Wertersatz verpflichtet?

! Erlöschen des Schuldverhältnisses

↳ Schuldrecht AT, Rn. 551 ff.

Grds. Rückgewähr der empfangenen Leistung, § 346 I

↓

Stattdessen Wertersatz, **§ 346 II S.1 ...**

Nr. 1 → Rückgabe **unmöglich** wegen Natur der Sache;
Bsp.: Dienstleistung, Werkleistungen, wie Konzerte, Gutachten, u.ä.

Nr. 2 → Rückgabe **nicht mehr möglich**, da Gegenstand verbraucht, veräußert, belastet, verarbeitet oder umgestaltet ist

Nr. 3 → Gegenstand hat sich **verschlechtert**/ ist **untergegangen**. Es sei denn, Wertminderung beruht auf bestimmungsgemäßer Ingebrauchnahme

Wie errechnet sich die Höhe des Wertersatzes bei § 346 II BGB?

↳ Schuldrecht AT, Rn. 560

Höhe des Wertersatzes

objektiv	Es ist *Wert*ersatz zu leisten – Wert ist grds. ein objektiv zu bestimmendes Kriterium.
subjektiv	§ 346 II S.2: Eine vertraglich bestimmte Gegenleistung ist bei der Wertermittlung zugrunde zu legen

Entscheidend sind ***beide*** Elemente: Man geht vom Marktwert aus, berücksichtigt aber, wenn vorhanden, die Vorstellung der Parteien.
Bsp.: *PKW wird für 12.000 € verkauft* (angenommener Wert: 10.000 €, tatsächl. Wert wg. Mangel: 8.000 €. Rücktritt des K. PKW zerstört ⇨ Wertersatz i.H.v. 9.600 € (80% von 12.000 €)

Wann ist die Pflicht zum Wertersatz ausgeschlossen?

↳ Schuldrecht AT, Rn. 561 ff.

§ 346 III S.1 Nr. 1, nur für Rücktritt wg. Mangelhaftigkeit

wenn sich Mangel erst bei Verarbeitung / Umgestaltung zeigt. ⇨ Ausschluss nur für § 346 II S.1 Nr. 2

§ 346 III S.1 Nr. 2

wenn Verschlechterung/ Untergang auch bei Rückgewährgläubiger eingetreten wäre, bzw. dieser sie zu vertreten hat. ⇨ Ausschluss nur für § 346 II S.1 Nr. 3

Ausschluss des Wertersatzes

§ 346 III S.1 Nr. 3, bei gesetzlichen Rücktrittsrechten

wenn Verschlechterung / Untergang beim *Berechtigten* eingetreten ist, und dieser die eigenübliche Sorgfalt, § 277 angewendet hat. Grund: bei gesetzl. R. darf Berechtigter davon ausgehen, dass Sache ihm endgültig verbleibt ⇨ eigenübliche Sorgfalt

Worin besteht der wesentliche Unterschied zwischen Kündigung und Rücktritt?

Erlöschen des Schuldverhältnisses

SchuldR AT I: Karteikarte Nr. 76

Kündigung ⟷ **Rücktritt**

Kündigung	Rücktritt
Typischerweise zur Beendigung von Dauerschuldverhältnissen, Wirkung ex nunc. *Keine* Rückabwicklung, v.a. §§ 346 ff. nicht anwendbar	Wirkung zwar auch ex nunc, jedoch Verpflichtung zur *Rückgewähr* der bereits empfangenen Leistungen, § 346 I; damit Wiederherstellung des status quo

z.B.:
- Miete, §§ 542 ff.
- Leihe, § 605
- Dienstvertrag, §§ 620 ff.
- allgemeines KdgRecht: § 314

Ist das Begriffspaar ordentliche / außerordentliche Kündigung gleichbedeutend mit befristete / fristlose Kündigung?

↳ SchuldR AT I: Karteikarte Nr. 77

Ordentliche Kündigung	**Außerordentliche Kündigung**
= gesetzl. vorgesehener Regelfall der Kündigung. Es bedarf keines Kündigungsgrundes (Ausnahme: § 573; § 1 KSchG)	= gesetzl. Ausnahme; Kündigungsgrund erforderlich, i.d.R.: „wichtiger Grund“, vgl. § 626

I.d.R. unterliegt ordentliche Kündigung einer Frist (§§ 573c, 622), außerordentliche dagegen nicht. Aber: Gerade bei der außerordentlichen Kündigung kann zur Wahrung deren Verhältnismäßigkeit die Einhaltung einer **Auslauffrist** erforderlich sein!
Damit *keine* Gleichsetzung ordentlich / befristet bzw. außerordentlich / fristlos!

Was versteht man unter Unmöglichkeit?
Wo hat sie in der Klausurlösung Bedeutung?

↳ Schuldrecht AT, Rn. 12

Unmöglichkeit

abhängig vom Inhalt des jeweiligen Schuldverhältnisses ⇨ §§ 133, 157

= **dauerhafte Nichterbringbarkeit** des *geschuldeten* Leistungserfolges

Primäranspruch ist ausgeschlossen ⇨ § 275	Gegenleistungspflicht entfällt grundsätzlich ⇨ § 326 I S.1 HS. 1	Entstehen von Sekundäransprüchen ⇨ §§ 275 IV, 280, 283- 285, 311a II

Auf welchen Zeitpunkt ist abzustellen, um zu ermitteln, ob eine anfängliche oder nachträgliche Unmöglichkeit vorliegt? Was gilt, wenn der Vertrag aufschiebend bedingt (§ 158 I BGB) geschlossen wurde?

↳ Schuldrecht AT, Rn. 21 f.

Anfängliche ⇔ nachträgliche Unmöglichkeit

Maßgeblicher Zeitpunkt ist nach dem eindeutigen Wortlaut von § 311a I der **Zeitpunkt des Vertragsschlusses**.

↓ ↓

Auch beim bedingten Vertragsschluss ist auf den Zeitpunkt der **Vereinbarung**, *nicht* auf den Zeitpunkt des **Bedingungseintritts** abzustellen.

Klären Sie den tatbestandlichen Anwendungsbereich der Absätze I-III des § 275 BGB!

Unmöglichkeit

↳ Schuldrecht AT, Rn. 15, 41 ff.

§ 275 I	§ 275 II	§ 275 III
unüberwindbare Leistungshindernisse	**überwindbare** Leistungshindernisse	**überwindbare** Leistungshindernisse
Echte U.	**Faktische** U.	**Moralische** U.
Geschuldeter Leistungserfolg (Auslegung!) ist **auch theoretisch nicht** mehr erbringbar	Leistung zwar theoretisch möglich, aber **wirtschaftlich unzumutbar**	**Persönliche** Leistungspflicht und **Unzumutbarkeit** aus anderen als wirtschaftlichen Gründen

Gehören die Fälle der Zweckerreichung und des Zweckfortfalls ins Unmöglichkeitsrecht?

Unmöglichkeit

SchuldR AT I: Karteikarte Nr. 87

Zweckerreichung

Nichterbringbarkeit des Leistungserfolges *durch den Schuldner*, da Leistungserfolg ohne Zutun des Schuldners **bereits eingetreten** ist.

z.B.: Vermieter lässt die durch den Mieter geschuldete Schönheitsreparatur vornehmen

Zweckfortfall

Nichterbringbarkeit des Leistungserfolges, da *vereinbarter Leistungszweck* nicht erreicht werden kann, sondern **fortgefallen** ist

z.B.: freizuschleppendes Schiff wird bei einem Brand vollständig zerstört

Sind Fälle der **wirklichen** Unmöglichkeit, § 275 I!

Was ist unter der Fallgruppe der sog. Zweckstörung zu verstehen und wie ist sie rechtlich zu behandeln?

↳ SchuldR AT I: Karteikarte Nr. 86

Zweckstörung

Der geschuldete Leistungserfolg kann zwar noch bewirkt werden, der Gläubiger hat an der Leistung aber **kein / kaum noch ein Interesse**
z.B.: M mietet sich ein Zimmer, um den vorbeiziehenden Festzug zu beobachten; der Festzug fällt aber aus

↓

- Unmöglichkeit? (-): **geschuldeter** Leistungserfolg ist noch erbringbar; anders nur, wenn weggefallenes Interesse zum *Leistungsinhalt* gemacht wurde; dies aber nur bei ausdr. Vereinbarung anzunehmen
- daher: Lösung über § 313 (**SGG**); prakt. Vorteil: flexiblere Berücksichtigung der Umstände des Einzelfalls möglich

Regelt § 275 II BGB auch die Fälle der sog. wirtschaftlichen Unmöglichkeit?

↳ Schuldrecht AT, Rn. 47

§ 275 II	Grobes Missverhältnis zwischen Aufwand des Schuldners und Leistungsinteresse **des Gläubigers**

⇨ Maßstab ist **nur** das **Gläubigerinteresse**, das Interesse des Schuldners an der Leistungsbefreiung ist kein Abwägungskriterium.

§ 313, Störung der Geschäftsgrundlage	Bezieht **Interessen beider Parteien** ein. ⇨ übermäßige Leistungserschwerung / Äquivalenzstörung kann berücksichtigt werden

↳ Wirtschaftliche U. fällt unter § 313; prakt. Vorteil: Flexibilität

Inwiefern unterscheidet sich die Wirkung von § 275 I BGB zu § 275 II und III BGB?

Unmöglichkeit

Schuldrecht AT, Rn. 48 ff.

§ 275 I → „Automatischer“ Ausschluss der Leistungspflicht, d.h. **Einwendung** gegen Anspruch

- Anfängliche U.: Primäranspruch *entsteht gar nicht*.
- Nachträgliche U.: Primäranspruch *erlischt*.

§ 275 II, III → Leistungsverweigerungsrecht = **Einrede**; wirkt nur, wenn Schuldner sie erhebt.

macht er sie aber geltend führt das zu endgültigem Ausschluss der Leistungspflicht (Gestaltungsrecht).

Stellen Sie ein Prüfungsschema für § 275 II BGB auf!

↳ Schuldrecht AT, Rn. 43 ff.

(1)	Kein *unüberwindbares* Leistungshindernis, sonst § 275 I
(2)	Unzumutbarer Aufwand für den Schuldner: **Abwägung** zwischen Aufwand des Schu. und Leistungsinteresse des Gl. Dabei vor allem zu berücksichtigen: • Vertretenmüssen des Schu., § 275 II S.2 • Inhalt des Schuldverhältnisses
(3)	Geltendmachung des Leistungsverweigerungsrechts durch Schu.

Wann ist bei Gattungsschulden von einer wirklichen Unmöglichkeit i.S.d. § 275 I BGB auszugehen?

Unmöglichkeit

SchuldR AT I: Karteikarte Nr. 32

Gattungsschuld ⇨ Geschuldet ist nicht ein bestimmter Gegenstand, sondern ein Objekt aus einer **nach allgemeinen Merkmalen bestimmten** Gruppe.

⇨ *Wirkliche* Unmöglichkeit nur, wenn *ganze* Gattung untergeht

⇔

Leistungsgefahr trägt bei Gattungsschulden der **Schuldner**

d.h. geht der Gegenstand unter, mit dem der Schuldner erfüllen wollte, bleibt er dennoch zur Leistung verpflichtet.

es sei denn:

Konkretisierung, § 243 II

Absolutes Fixgeschäft

Annahmeverzug § 300 II

Kann das „Unvermögen bei Gattungsschulden“ über § 275 II BGB gelöst werden?

↳ SchuldR AT I: Karteikarte Nr. 91

Grundsatz:

Gattungsschulden sind Beschaffungsschulden

⇨ bei Unvermögen, einzelnen Leistungsgegenstand zu leisten, muss der Schuldner auf andere Gattungsgegenstände zurückgreifen (sich diese notfalls beschaffen)

daher:

Abwägung bei § 275 II fällt i.d.R. zum Nachteil des Schu. aus, **keine Leistungsbefreiung**. Vgl. auch § 276 I S.1: Vertretenmüssen bei Übernahme eines Beschaffungsrisikos.

seltene Ausnahmen:

Leistungserbringung liegt außerhalb des zumutbaren Beschaffungsrisikos ⇨ dieses durch Auslegung zu ermitteln (z.B.: im Erzeugerland ist ein Bürgerkrieg ausgebrochen...)

Welche Rolle spielt das Wort „soweit“ in § 275 I und II BGB?

↳ Schuldrecht AT, Rn. 24

„... Leistung ist ausgeschlossen, **soweit** diese ... unmöglich ist.“
„Der Schuldner kann die Leistung verweigern, **soweit** diese ...“

▼

Vollständige Nichterbringbarkeit ⇨ primäre Leistungspflicht ist *vollständig* ausgeschlossen

▼

Nur ein Teil der geschuldeten Leistung wird unmöglich ⇨ **Nur *dieser Teil* der Leistungspflicht erlischt.**

Achtung! A verkauft B eine *Sammlung* von 50 alten Gemälden. Ein Feuer vor Übereignung vernichtet 10 Gemälde. Hat A die Bilder *als zusammengehörig* verkauft, so handelt es sich um *vollständige* Unmöglichkeit (⇨ Auslegung!)

Welche Bedeutung hat der Faktor Zeit im Unmöglichkeitsrecht? Klären Sie dies anhand des Problemkreises der „Fixgeschäfte"!

Unmöglichkeit

↳ SchuldR AT I: Karteikarte Nr. 89

A bestellt bei Bäcker B eine Torte für den 09.09.	A bestellt bei Bäcker B eine Torte. Man vereinbart, dass sie „fix“ am 09.09. zu liefern ist.	A bestellt bei Bäcker B eine Torte für die Hochzeit seiner Tochter am 09.09.

B leistet am 09.09. nicht.

„Einfache“ **Leistungsverzögerung** ⇨ bei Verschulden: **Verzug** des B	**„Relatives“ Fixgeschäft** ⇨ Verzug (wenn Verschulden) und vereinfachter Rücktritt nach § 323 I, II Nr. 2	**„Absolutes“ Fixgeschäft = Unmöglichkeit** i.S.v. § 275 I; weitere Rechtsfolgen nach §§ 275 IV, 280 I, 283 S.1, 326

Was verstehen Sie unter „vorübergehender Unmöglichkeit“? Wie ist sie zu behandeln?

↳ Schuldrecht AT, Rn. 33 ff.

Ist damit zu rechnen, dass das dem Leistungsanspruch entgegenstehende **Leistungshindernis wieder entfällt** ...

→ Vorübergehende Unmöglichkeit

(P) fiele die vorübergehende U. unter § 275 I, lebte die zunächst erloschene Leistungspflicht nach Wegfall des Leistungshindernisses wieder auf. ⇨ Rechtsunsicherheit und dogmatische Unvereinbarkeit mit geltendem Recht
deshalb im **Normalfall keine Anwendung von § 275 I.** Gl. muss stattdessen über §§ 280 I, 281 vorgehen
Aber Gleichstellung mit U., wenn Geschäftszweck gefährdet, und Gläubiger Abwarten nicht **zugemutet** werden kann: *dann* § 275 I (+)

V verkauft K eine antike Vase, die V erst noch bei E erwerben soll. Entgegen vorheriger Zusage ist E nicht zum Verkauf bereit.
Liegt ein Fall der Unmöglichkeit vor?
Welcher?

Anfängliches Unvermögen	V im ZP des Vertragsschlusses nicht Eigentümer der Sache; anfängliche subj. Unmöglichkeit denkbar. **Aber:** Dies entspricht gerade der Vereinbarung zwischen V und K, V soll Sache erst von E erwerben; daher liegt **keine Leistungsstörung** in diesem ZP vor! **Konstruktion:** Schon keine Unmöglichkeit, da Leistung = Übereignung nach Beschaffung von E: noch möglich; oder: nur (unbeachtliches) **vorübergehendes** Leistungshindernis!

Nachträgliches Unvermögen	Unmöglichkeit (+), wenn sich die Erwerbsaussicht des V zerschlägt; jedoch Fall der *nachträglichen* Unmöglichkeit!

Worin unterscheidet sich der Anwendungsbereich von § 311a II BGB gegenüber §§ 280 I, III, 283 BGB?

↳ Schuldrecht AT, Rn. 278 f.

§ 311a II bezieht sich auf § 311a I und betrifft dementsprechend den Fall *anfänglicher* Unmöglichkeit

⇨ §§ 280 I, III, 283 können daher nur den Fall *nachträglicher* Unmöglichkeit betreffen!

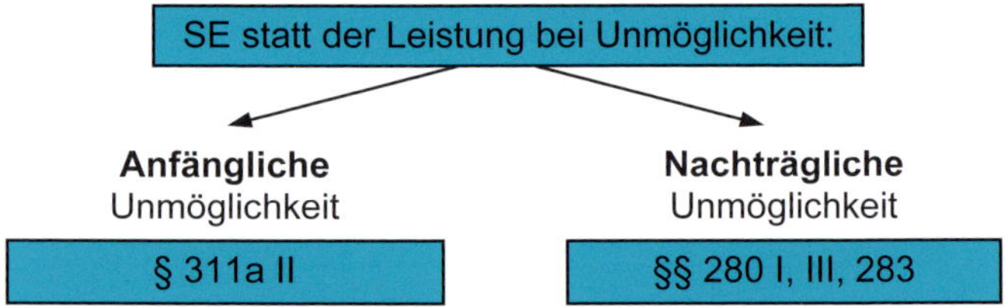

Nennen Sie die Voraussetzungen für einen Anspruch aus § 311a II BGB!

↳ Schuldrecht AT, Rn. 286 ff.

§ 311a II

(1)	Anfängliche Unmöglichkeit (§ 275 I-III) einer vertraglichen Leistungspflicht
(2)	Keine Widerlegung des vermuteten Vertretenmüssens des Schuldners, § 311a II S.2: • Kenntnis des Leistungshindernisses bei Vertragsschluss oder • Unkenntnis zu vertreten

Nennen Sie die Voraussetzungen für einen Anspruch aus §§ 280 I, III, 283 BGB!

↳ SchuldR AT I: Karteikarte Nr. 96

§§ 280 I, III, 283

(1)	Nachträgliche Unmöglichkeit (§ 275 I-III) einer (= irgendeiner) Leistungspflicht
(2)	Keine Widerlegung des vermuteten Vertretenmüssens des Schuldners, § 280 I S.2 : Bezieht sich auf *Eintritt* des Leistungshindernisses (dagegen § 311a II: *Kenntnis / Unkenntnis zu vertreten*). Maßstab: §§ 276 ff.

A und B vereinbaren, dass B die Schuld des A gegenüber Gl. übernehmen soll; Gl. verweigert hierzu seine Genehmigung. Nachdem A den B erfolglos durch ein „Mahnschreiben" aufgefordert hat, die Schuld an Gl. zu tilgen, zahlt A selbst. Anspruch des A gegen B?

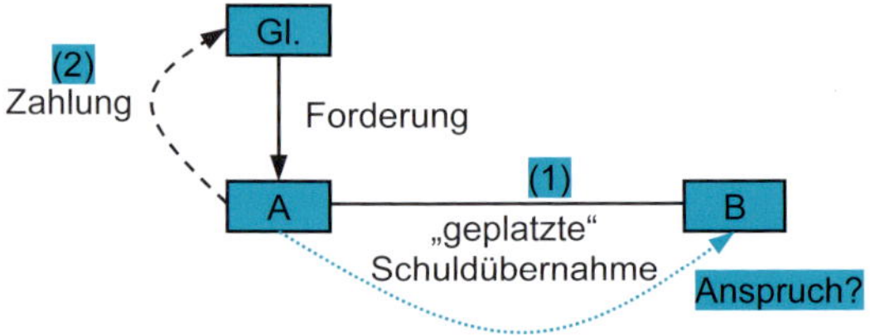

Schuldübernahme wg. fehlender Genehmigung des Gläubigers **unwirksam**, § 415 I; im Zweifel aber Erfüllungsübernahme durch B, § 415 III: B ist ggü. A verpflichtet, die Schuld des A ggü. Gl. zu tilgen (§ 267)

- durch Zahlung A an Gl. wird dies wg. Zweckerreichung nachträglich unmöglich, § 275 I
- A gegen B aus §§ 280 I, III, 283? (+), da nachtr. Unmöglichkeit einer Leistungspflicht des B ggü. A; da sich B nach Mahnung in Verzug befand (§ 286 I) hat B Unmöglichkeit wg. § 287 S.2 zu vertreten!

Was geschieht im Regelfall mit der zu einer unmöglich gewordenen Leistung synallagmatischen Pflicht?

↳ SchuldR AT I: Karteikarte Nr. 81

A hat bei B einen Gebrauchtwagen gekauft. Bei einer letzten Testfahrt verursacht B einen Unfall mit Totalschaden.

Leistungspflicht

Die Pflicht zur Übergabe und Übereignung (§ 433 I) **erlischt nach § 275 I**.

Gegenleistungspflicht

Die Pflicht des A zur Kaufpreiszahlung (§ 433 II) **erlischt nach § 326 I S.1, 1. HS**. (Die Norm ist also eine Einwendung gegen den Gegenanspruch.)

⇨ die **Preisgefahr** trägt der Schuldner der Sachleistung, d.h.: Geht die Sache durch Zufall unter, so erhält er die Gegenleistung nicht.

Funktionelles Synallagma

Welche Konsequenzen hat die teilweise Unmöglichkeit für die Gegenleistung?

Teilunmöglichkeit	Von fünf zu einem Gesamtpreis verkauften Gemälden wird eines vor der Übergabe zerstört.

§ 326 I S.1, 2. HS.

Anwendung von **§ 441 III**, Herabsetzung des Kaufpreises wie bei der Minderung!

Was ist die Funktion von § 326 I S.2 BGB?

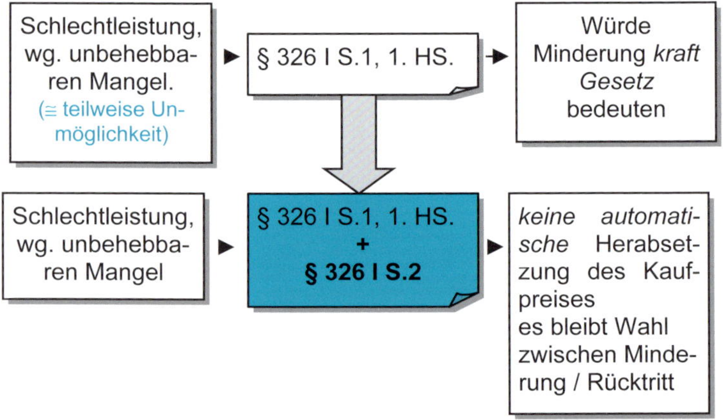
Schlechtleistung, wg. unbehebbaren Mangel.
(≅ teilweise Unmöglichkeit)
§ 326 I S.1, 1. HS.
Würde Minderung *kraft Gesetz* bedeuten
Schlechtleistung, wg. unbehebbaren Mangel
§ 326 I S.1, 1. HS.
+
§ 326 I S.2
keine automatische Herabsetzung des Kaufpreises
es bleibt Wahl zwischen Minderung / Rücktritt

Welche Ausnahmen von § 326 I S.1, HS. 1 BGB finden sich im allgemeinen Schuldrecht?

↳ Schuldrecht AT, Rn. 80 ff.

Nach § 326 I S.1 entfällt die mit der unmöglich gewordenen synallagmatisch verknüpfte Pflicht; d.h. der Schuldner der Sachleistung verliert automatisch seinen Gegenanspruch. ***Es sei denn ...***

§ 326 II S.1, 1.Alt

... der Gläubiger ist für die U. „allein oder weit überwiegend verantwortlich

§ 326 II S.1, 2.Alt

... der Gläubiger befand sich im Annahmeverzug…

…und Schuldner hat Unmöglichkeit nicht zu vertreten; beachte § 300 I!

▼ ▼

= Übergang der Preisgefahr auf den Gläubiger

Welche weiteren wichtigen Sonderregelungen zu § 326 I S.1, HS. 1 BGB kennen Sie?

↳ Schuldrecht AT, Rn. 110 ff.

im Kaufrecht		für Werkverträge
§ 446 S. 1 u. S. 3	**§ 447 I**	**§§ 644, 645**
Gefahrübergang auf den Gl. sobald **Übergabe** oder **Annahmeverzug** *Achtung*: Gilt nur, wenn Käufer nicht zugleich Eigentümer wird (dann Erfüllung, keine Unmöglichkeit mehr!)	Gefahrübergang beim **Versendungskauf**, bereits bei Übergabe der Sache an die Transportperson. Gilt nach § 475 II nur eingeschränkt **beim Verbr.-Güterkauf**	• nach **Abnahme** des Werks, § 644 I S.1; • bei **Annahmeverzug**, § 644 I S.2; • bei **Versendung**, § 644 II; • bei **Verantwortlichkeit des Bestellers** wg. fehlerhafter Stoffe/ Anweisungen, § 645

Wann ist der Gläubiger i.S.v. § 326 II S.1 Alt. 1 BGB verantwortlich?

Vertretenmüssen des Gläubigers
Problem: Anwendbarkeit der §§ 276 ff.?

„Schuldner“	§§ 276 ff. entsprechend **anwendbar** auf Gläubiger
Obliegenheitsverletzung	**Untechn.** Verschulden; vorwerfbare Verletzung der eigenen Belange (häufiger Fall!)
Vertragl. Risikoübernahme	Gl. hat Risiko des Eintritts eines bestimmten Unmöglichkeitsgrundes übernommen (v.a. Risikoverteilung im ArbeitsR!) Verantwortlichkeit dann unabhängig von Verschulden

V verkauft seinen PKW an K; K ist jedoch zum vereinbarten Liefertermin nicht zuhause. Auf dem Rückweg verursacht V leicht fahrlässig den Totalschaden des PKW. Muss K den Kaufpreis zahlen?

Erlöschen der Zahlungspflicht nach § 326 I S.1, 1. HS.?

- KV = ggs. Vertrag; synallagm. Pflicht des Verkäufers aus § 433 I nachträglich unmöglich geworden (§ 275 I)

↓

Ausnahme von § 326 I S.1, 1. HS.: § 326 II S.1 Alt. 2

- Unmöglichkeit während Annahmeverzuges des K eingetreten (keine Kausalität zw. Verz. und Unmöglichkeit nötig, Wortlaut!)
- Vertretenmüssen des V? (-), da K im Annahmeverzug; daher § 300 I: keine Haftung für leichte Fahrlässigkeit

Daher: K bleibt zur Kaufpreiszahlung nach § 433 II verpflichtet!

Was regelt § 285 BGB?

Unmöglichkeit

SchuldR AT I: Karteikarte Nr. 100

§ 285

1.) Nach **§ 275 I-III** erlischt der Leistungsanspruch des Gläubigers.	+ 2.) Der Schuldner erlangt einen **Ersatz**gegenstand oder Ersatzanspruch.	+ 3.) Der **Grund** für das Erlöschen von I.) und die Begründung von II.) ist **identisch**.

*Beachte: Vertretenmüssen des Schuldners ist **kein** TB-Merkmal!*

► Der Ersatzgegenstand / Ersatzanspruch gebührt dem Gläubiger; d.h. er hat einen **schuldrechtlichen Anspruch** auf den Ersatz (= das stellvertretende commodum).

Erfasst § 285 BGB auch das
sog. commodum ex negotiatione?

↳ Schuldrecht AT, Rn. 344

§ 285 I: „Erlangt der Schuldner **infolge des Umstands**, auf Grund dessen er die Leistung ... nicht zu erbringen braucht, ...“

unproblematisch:

commodum ex re	***Bsp.:*** A verkauft B einen Gebrauchtwagen. Noch vor Übergabe wird er zerstört. Die Versicherung zahlt A 10.000 € aus. ⇨ B hat aus § 285 I einen Anspruch auf die Versicherungssumme.

nach h.M. aber auch:

commodum ex negotiatione	***Bsp.:*** A verkauft B einen Gebrauchtwagen; Übergabe/Übereignung aber an Dritten D. ***Grund für Unmöglichkeit ist Veräußerung*** (Verfügung) an D, ***Grundlage für Kaufpreisanspruch das Verpflichtungsgeschäft*** A-D. Es existiert also keine juristische, wohl aber **wirtschaftliche Identität**, die für § 285 I ausreicht.

Hat ein Entleiher, der die entliehene Sache wirksam an einen gutgläubigen Dritten veräußert hat, den dabei erlangten Kaufpreis nach § 285 I BGB an den Verleiher herauszugeben?

↳ Schuldrecht AT, Rn. 345

Voraussetzungen des § 285 I grds. (+), da Rückgabepflicht, § 604 I gem. § 275 I ausgeschlossen; fraglich aber, ob Kaufpreis hier Surrogat i.S.d. § 285 I
Identität zwischen geschuldetem Gegenstand = Besitzverschaffung (*nicht* Übereignung!) und Kaufpreis? (-), auch keine wirtsch. Identität, da Kaufpreis für **Eigentum**, nicht für Besitz gezahlt wurde; § 285 I deshalb (-)!

! Es verbleiben aber verschiedene **andere** Ansprüche: §§ 280 I, 283 S.1; §§ 687 II, 681 S.2, 667; § 816 I S.1; § 823 I !

Welche Lösungsansätze werden zur beiderseitig zu vertretenden Unmöglichkeit vertreten?

SchuldR AT I: Karteikarte Nr. 32

Beiderseitig zu vertretende Unmöglichkeit

Z.B.: neben Vertretenmüssen des Schu. auch Verantwortlichkeit / Annahmeverzug des Gl. (§ 326 II S.1)

SE aus §§ 280 I, III, 283 K gegen V

- §§ 280 I, III, 283
- Kürzung um Mitverschulden des K
- Sodann Verrechnung mit ungekürztem Anspruch auf die Gegenleistung V gegen K (SE nach Surrogationsmethode bzw. Gegenleistung analog § 326 II geschuldet

SE aus §§ 280 I, 241 II V gegen K

- Durch Pflichtverletzung des K erlischt Anspruch des V auf Zahlung gem. § 326 I S.1; dies ist Schaden des V
- Anspruch wird gekürzt um Mitverschuldensanteil des V *(dies ist die sich im Vordingen befindliche Ansicht)*

Woraus ergibt sich eine Ersatzpflicht für sog. Verzögerungsschäden?

= Schäden, die durch die **Nichtleistung** des Schuldners trotz Fälligkeit hervorgerufen werden

⇨ eigentlich: § 280 I; aber: nach § 280 II müssen zusätzlich die Voraussetzungen des **Schuldnerverzuges** vorliegen

Anspruchsgrundlage: §§ 280 I, II, 286!

Nennen Sie die Voraussetzungen des Schuldnerverzuges!

↳ SchuldR AT II: Karteikarte Nr. 119

Voraussetzungen des Schuldnerverzugs

- Wirksamer Anspruch
- Nichtleistung trotz Möglichkeit
- Fälligkeit (beachte § 327b II)
- Einredefreiheit
- Mahnung oder Entbehrlichkeit
- Vertretenmüssen der Nichtleistung

Nennen Sie die wichtigsten Rechtsfolgen des Schuldnerverzuges!

Schuldnerverzug

↳ SchuldR AT II: Karteikarte Nr. 119

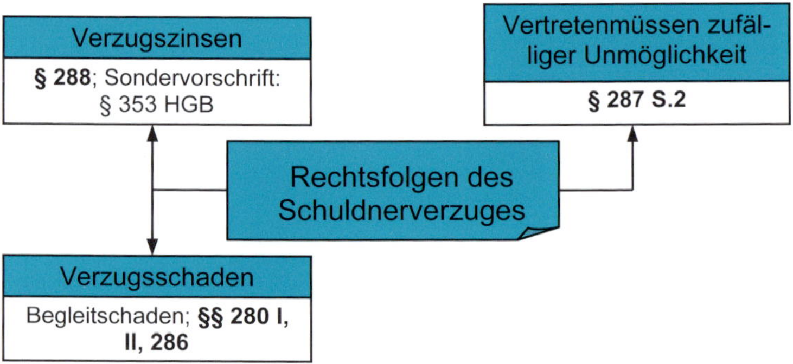

Welchen Anwendungsbereich hat § 286 BGB, d.h. in welchen Schuldverhältnissen und mit welchen Pflichten kann der Schuldner in Verzug geraten?

Schuldnerverzug

↳ FamR: Karteikarte Nr. 1

Anwendungsbereich

1. § 286 gilt für **alle Schuldverhältnisse**,
2. und hier für **alle** echten ***Leistungs*pflichten**. D.h.:
   - zahlt der aus § 823 I zum SE Verpflichtete nicht rechtzeitig, so gerät er genauso in Verzug wie der nicht rechtzeitig liefernde Verkäufer
   - Verzug ist nicht möglich bei bloßen Obliegenheiten oder Verhaltenspflichten, auf die kein durchsetzbarer Anspruch besteht
   - außerhalb des Schuldrechts kann § 286 anwendbar sein, wenn Besonderheiten des jew. Rechtsgebiets nicht entgegenstehen, z.B. § 990 II bzgl. § 985

Erläutern Sie das Verhältnis von § 275 I BGB und Verzug!

Schuldnerverzug

↬ Schuldrecht AT, Rn. 132

§ 275 I, Unmöglichkeit	
Verzug setzt bestehende Leistungspflicht voraus. § 275 I bringt Anspruch zum Erlöschen	Sobald (und soweit) Unmöglichkeit: § 286 (-)

! **Bis zum** Eintritt der Unmöglichkeit kann Verzug aber vorgelegen haben, v.a.: Für *diesen* Zeitraum kann Anspruch auf Verzögerungsschaden bestehen!

Kann die bloße Nichtleistung zur Unmöglichkeit führen? Rechtsfolge?

↳ Schuldrecht AT, Rn. 133

Verspätung der Leistung führt zur (sog. zeitlichen) Unmöglichkeit im Falle des absoluten Fixgeschäftes:

Die Leistung innerhalb des Erfüllungszeitraumes wird von den Parteien als so wesentlich angesehen (§§ 133, 157), dass eine verspätete Leistung keinen Sinn ergeben und somit keine Erfüllung mehr darstellen würde. z.B.: Der Schneider stellt das Brautkleid erst nach der Hochzeitsfeier fertig.

↓

Rechtsfolge: Nach Überschreiten des Erfüllungszeitraumes liegt mangels Möglichkeit der Leistung kein Verzug vor, es gilt *allein* Unmöglichkeitsrecht

Wie wirkt sich grundsätzlich das Bestehen einer Einrede auf den Schuldnerverzug aus?

↳ SchuldR AT II: Karteikarte Nr. 121

Auswirkung des Bestehens von Einreden auf den Schuldnerverzug

Verzug setzt **Einredefreiheit** (= Durchsetzbarkeit) des fraglichen Anspruches voraus (Arg.: Wenn Schuldner nicht erfolgreich auf Leistung verklagt werden kann, kann auch die Nichtleistung nicht zu seinen Lasten gehen!)

Daher: Bloßes Bestehen der Einrede **schließt Verzug aus**!

Aber: Einrede muss vom Schuldner im Prozess **geltend gemacht** werden, da Einreden nicht von Amts wegen zu prüfen sind. D.h.: Schuldner muss Einrede irgendwann geltend machen!

Welche Besonderheiten gelten gegenüber KK Nr. 7 bei § 273 BGB und § 1000 BGB?

↳ SchuldR AT II: Karteikarte Nr. 121

§ 273

Gläubiger hat Möglichkeit, Einrede durch Sicherheitsleistung abzuwenden, § 273 III S.1; dieses Recht würde ihm in Bezug auf den Verzug des Schuldners genommen, wenn § 273 schon ab dem Zeitpunkt seiner Entstehung verzugsausschließende Wirkung hätte (Gl. hat keine Kenntnis!)
Daher: § 273 schließt erst ab seiner **Erhebung** den Verzug aus!

§ 1000

Gleiches gilt für ZBR nach § 1000, da hierauf § 273 III anwendbar!
Verzugsausschluss **erst mit Erhebung** des § 1000!

Erläutern Sie das Verhältnis von § 275 II, III BGB zum Schuldnerverzug!

↳ Schuldrecht AT, Rn. 148 f.

§ 275 II / III und Schuldnerverzug

Einrede *erhoben*	⇨ Anspruch *ausgeschlossen*, daher mangels wirks. Leistungspflicht kein Schuldnerverzug möglich
Einrede nicht *erhoben*	⇨ Wirkung wie sonstige Einreden: Sofortiger Ausschluss des SchuVerz., sofern Einrede irgendwann erhoben

Wann liegt eine wirksame Mahnung vor?
Ist hierfür volle Geschäftsfähigkeit erforderlich?

Schuldnerverzug

↬ SchuldR AT II: Karteikarte Nr. 122

Mahnung, § 286 I S.1

(1)	**Auslegung als Mahnung: §§ 133, 157 analog** Eindeutige und bestimmte Leistungsaufforderung des Gl. an Schu.
(2)	**Allgemeine Voraussetzungen einseitiger WE'en:** Mahnung = einseitige, empfangsbedürftige rechtsgeschäftsähnliche Handlung; WE-Vorschriften analog anwendbar: §§ 104 ff.; § 130; da Mahnung ledigl. rechtl. vorteilhaft: **beschränkte Geschäftsfähigkeit** ausreichend, § 107 analog; § 111 gilt nicht!
(3)	***Nach* Fälligkeit?** Entgegen Wortlaut d. § 286 I S.1 können Mahnung und Fälligkeit *zusammenfallen*

Ist eine Mahnung wirksam, wenn der Gläubiger einen zu hohen Betrag einfordert?

↳ SchuldR AT II: Karteikarte Nr. 123

Wirksame Mahnung bei Zuvielforderung?

Mahnung bzgl. des tatsächlich geschuldeten Betrages wirksam, wenn:

(1) Schuldner Mahnung als Aufforderung zur Leistung des tatsächlich geschuldeten Betrages verstehen musste (§§ 133, 157; (-), wenn angemahnter Betrag den tatsächlichen Betrag *wesentlich* übersteigt)

und

(2) Gläubiger zur Annahme des tatsächlichen Betrages bereit ist (i.d.R. (+))

Kann ein Gläubiger die Kosten der ersten Mahnung nach §§ 280 I, II, 286 BGB ersetzt verlangen?

§§ 280 I, II, 286 ersetzen den durch den Verzug entstandenen Schaden (sog. Verzugsschaden). Im Zeitpunkt der Erstmahnung lag jedoch kein Verzug vor, dieser wurde durch die Mahnung erst begründet.

Daher Kosten der Erstmahnung **nicht** nach §§ 280 I, II, 286 zu ersetzen!

Geben Sie eine Übersicht der Fälle, in denen die Mahnung für den Verzugseintritt entbehrlich ist!

↳ SchuldR AT II: Karteikarte Nr. 124

Entbehrlichkeit der Mahnung

§ 286 II Nr. 1	Bestimmung der Leistungszeit nach dem Kalender
§ 286 II Nr. 2	Leistungszeit anhand eines vorausgehenden Ereignisses und Kalender bestimm*bar*
§ 286 II Nr. 3	Ernsthafte und endgültige Erfüllungsverweigerung
§ 286 II Nr. 4	Besondere Gründe u. Abwägung der beiderseitigen Interessen; v.a.: Herausgabe delikt. erlangter Sache
§ 286 III S.1	Bei Geldforderungen: 30 Tage nach Rechnungserhalt
Privatautonomie	Wenn die Parteien dies vereinbaren (§§ 133, 157)

Ist die Mahnung entbehrlich, wenn gemäß Parteivereinbarung die Kaufpreiszahlung „3 Wochen nach Lieferung“ erfolgen soll?

↳ SchuldR AT II: Karteikarte Nr. 1

§ 286 II Nr. 1	Vertragliche Vereinbarung, die die Leistungszeit unmittelbar oder mittelbar nach dem Kalender bestimmt, d.h. • Zeitpunkt muss sich schon bei Vereinbarung nur mit Hilfe des Kalenders bestimmen lassen • *Bloße Berechenbarkeit genügt nicht* • **Im Bsp**. ungewisser Zeitpunkt der Lieferung, deshalb § 286 II Nr. 1 (-)
§ 286 II Nr. 2	Voraussetzungen (+), Berechenbarkeit genügt

Können Sie Beispiele nennen, wann eine Mahnung wegen „besonderen Gründen unter Abwägung der beiderseitigen Interessen“ (§ 286 II Nr. 4 BGB) entbehrlich sein kann?

↳ Schuldrecht AT, Rn. 161

§ 286 II Nr. 4 erfasst Fälle, die nach bisheriger Rspr. aus § 242 hergeleitet wurden:

- **Selbstmahnung**: Schu. kündigt baldige Leistung an, leistet dann aber nicht
- Schu. weiß, dass er falsche/ fehlerhafte Leistung erbracht hat, bewirkt geschuldete Leistung gleichwohl nicht
- **Besondere Dringlichkeit** ergibt sich aus Vertragsinhalt
- Schu. **verhindert** durch sein Verhalten den **Zugang einer Mahnung**
- Schu. ist zur Herausgabe einer durch **Delikt entzogenen Sache** verpflichtet.

K und V haben einen Kaufvertrag geschlossen. V bietet die Ware zwar nicht ordnungsgemäß an, händigt K aber eine Rechnung aus. 30 Tage später erfüllt V seine Verkäuferpflicht ordnungsgemäß. Wann kommt K in Verzug?

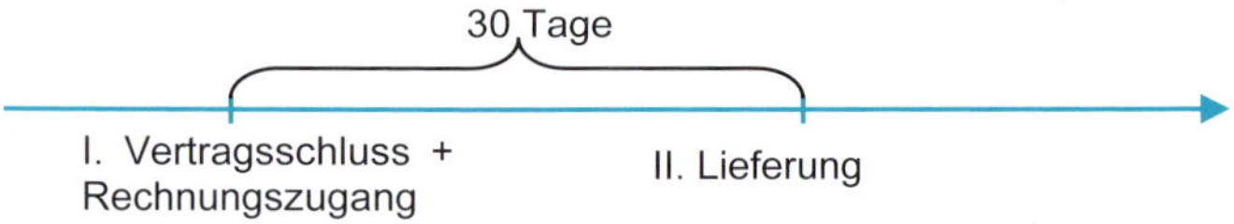

- Zwischen Zeitpunkt I. und II. wirkt **§ 320** verzugsausschließend
- **Nach Lieferung** liegen mit Ausnahme der Mahnung alle Verzugsvoraussetzungen vor: Entbehrlichkeit nach § 286 III?
- Entscheidend ist, ob Zeitraum I. – II. (in dem noch kein Verzug vorlag!) zu berücksichtigen. Nach **ratio legis** (+): 30-Tages-Frist soll Schu. befähigen, den Umfang seiner Verpflichtung zu überprüfen. Dies kann und soll auch bei Vorliegen einer Einrede erfolgen.

⇨ Verzugsbeginn also mit Lieferung (wenn K Verbraucher ist, dann nur, wenn er hierüber belehrt wurde, § 286 III S.1, 2. Hs.)

Verzug setzt Vertretenmüssen der Nichtleistung durch den Schuldner voraus, § 286 IV BGB. Was gilt bei Gattungs-, was bei Geldschulden?

SchuldR AT II: Karteikarte Nr. 125

Vertretenmüssen beim Verzug

Grds. gelten §§ 276-278

Gattungsschuld

§ 276 I S.1 zu beachten: Schuldner hat Nichtleistung auch dann zu vertreten, wenn kein Verschulden i.S.d. §§ 276-278 vorliegt (Beschaffungsrisiko).

Aber: Dies reicht nur *soweit*, als den Schuldner das Beschaffungsrisiko bei der Gattungsschuld trifft, d.h. bei Krankheit, Freiheitsentziehung etc. kommt es auf ein Verschulden an.

Geldschuld

Ebenfalls Beschaffungsrisiko, § 276 I S.1: „Geld hat man zu haben"

Aber: Betrifft *nur* das Risiko fehlender Zahlungsfähigkeit; andere Hinderungsgründe (Krankheit etc.): es gilt das zur Gattungsschuld Gesagte.

Welcher Schaden wird nach
§§ 280 I, II, 286 BGB ersetzt?

Ersatzfähiger Schaden bei §§ 280 I, II, 286

§ 280 II: „SE wegen (1) Verzögerung der Leistung", „unter den zusätzlichen Voraussetzungen des (2) § 286"

= Verzugsschaden

= adäquat kausal durch den Verzug verursachter Schaden; Zu vergleichen sind Vermögenslagen bei **rechtzeitiger** Erfüllung und Erfüllung im ZP der Geltendmachung des Anspruches; nur, solange Verzug vorlag, vgl. Erstmahnung (KK Nr. 12).

Welche Funktion hat eigentlich § 286 IV BGB? Das Vertretenmüssen normiert doch schon § 280 I S.2 BGB.

§ 287 (Haftungserweiterung) und **§ 288** (Verzugszinsen) ...

... sind **unabhängig** von **§ 280 I S.2**. Sie verweisen nur auf die TB-Voraussetzungen des Verzugs, d.h. auf § 286, und hier auch auf Abs.4.

Beweislast ist ebenso wie in § 280 I S.2 geregelt; der *Schuldner* muss also beweisen, dass er die Leistungsverzögerung *nicht* zu vertreten hat.

Wie stehen §§ 280 I, II, 286 und §§ 280 I, III, 281 I S.1, 1.Alt. BGB zueinander?

↳ SchuldR AT II: Karteikarte Nr. 127

Beide Normenketten gewähren SE wenn der Schuldner zum vereinbarten Zeitpunkt nicht leistet

§§ 280 I, II, 286	**§§ 280 I, III, 281 I S.1**
Grds. Mahnung erforderlich	Keine Mahnung, statt dessen Fristsetzung; Vertretenmüssen bzgl. Nichtleistung i.R.d Frist
Rechtsfolge: **SE neben der Leistung** z.B. erforderliche Aufwendungen, ggf. aber auch entgangener Gewinn	Rechtsfolge: **SE statt der Leistung** z.B. Mehrkosten wg. Deckungskauf

Kann der Gläubiger einer Geldschuld im Verzugsfalle auch höhere Zinsen als nach § 288 I BGB (§ 288 II BGB) beanspruchen?

↳ SchuldR AT II: Karteikarte Nr. 128

§ 288 IV lässt die Geltendmachung eines weitergehenden Schadens ausdrücklich zu

↓

Gläubiger kann v.a. einen höheren Verzögerungsschaden nach §§ 280 I, II, 286 geltend machen:

- z.B. entgangenen Gewinn bei Anlage des rechtzeitig empfangenen Geldes
- oder: entgangene Möglichkeit zur Darlehenstilgung; Schaden sind die aufzuwendenden Kreditzinsen!

Was ist die Rechtsfolge
von §§ 280 I, III, 281 BGB?

↳ SchuldR AT II: Karteikarte Nr. 1

§§ 280 I, III, 281 gewährt **Schadensersatz statt der Leistung**, ...

... bei Verletzung

- echter Leistungspflichten,
- wenn nicht schon Unmöglichkeit vorliegt (dann § 280 I, III, 283 oder § 311a II)

Geben Sie eine Übersicht der Tatbestandsmerkmale von §§ 280 I, III, 281 BGB!

↳ SchuldR AT II: Karteikarte Nr. 130

Schadensersatz statt der Leistung nach § 281

(1)	Fälliger, wirksamer *Leistungs*anspruch
(2)	Keine Unmöglichkeit
(3)	a) Nichtleistung oder b) Leistung nicht wie geschuldet
(4)	Fristsetzung und erfolgloser Ablauf
(5)	Vertretenmüssen des Schuldners
(6)	Bei ggs. Verträgen: Eigene Vertragstreue des Gl.

Untersuchen Sie den Anwendungsbereich von § 281 I S.1 BGB: Die Nichterfüllung welcher Pflichten in welchen Schuldverhältnissen führt zu einer Schadensersatzpflicht?

SE statt der Leistung / § 281

↳ Schuldrecht AT, Rn. 359 ff.

§§ 280 I, III, 281

1. für alle Schuldverhältnisse,
2. hier für alle *Leistungs*ansprüche
3. analoge Anwendung auf 985 (BGH)

Nichtleistung

- vollständige Nichtleistung (ggfs. über § 327c)
- Zuwenigleistung („soweit“)

Leistung nicht wie geschuldet

- Schlechtleistung
- Aliud (§ 434 V)
- beim Kauf: § 434 II S.2, III S.2 BGB: Mengenabweichung

K kauft bei V 80 Flaschen Wein zu je 10 €,
obwohl die Flaschen jeweils 12 € wert sind.
Trotz Fristsetzung liefert K nur 60 Flaschen.
Erläutern Sie anhand dieses Falles
den Begriff des Schadensersatzes statt
der ganzen Leistung!

↳ Schuldrecht AT, Rn. 412 ff.

§§ 280 I, III, 281 I S.1	Wegen „soweit“ kann K SE statt der Leistung zunächst nur bzgl. des gestörten Leistungsteiles (= 20 Flaschen) verlangen ⇨ Schaden = 20 x 2 € = 40 €
SE statt der *ganzen* Leistung	Unter den *zusätzlichen* Voraussetzungen des § 281 I S.2 bekommt K SE statt der *ganzen* Leistung (80 Flaschen) ⇨ Schaden = 80 x 2 € = 160 €; Rückübereignung der 60 Flaschen nach §§ 281 V, 346 I

Welcher Rechtsnatur ist die nach § 281 I S.1 BGB erforderliche Fristsetzung? Welchen Inhalt muss sie aufweisen?

↳ SchuldR AT II: Karteikarte Nr. 131

Fristsetzung

Rechtsnatur: <u>geschäftsähnliche Handlung</u>, §§ 104 ff. analog anwendbar, die formfrei ist

Notwendiger **Inhalt**:

- Analog §§ 133, 157 muss für Schu. erkennbar sein, welche Pflichtverletzung moniert wird.
- Ablehnungsandrohung *nicht* erforderlich
- Angemessene Frist, siehe nächste KK
- Bei digitalen Produkten Leistungsaufforderung (§ 327c II S.2) anstelle Fristsetzung

Wann ist eine Frist als angemessen anzusehen?
Welche Rechtsfolge ergibt sich bei einer unangemessen kurzen Frist?

↳ SchuldR AT II: Karteikarte Nr. 131

Frist muss so lange bemessen sein, dass der Schuldner eine bereits begonnene Leistung beenden kann (**nicht** maßgeblich: Dauer der *gesamten* Leistungserbringung!)
Dabei Art und Natur der jeweiligen Leistungspflicht zu berücksichtigen. Nach BGH (Life&LAW 11/2009, 721 ff. sowie Life&LAW 07/2015, 471 ff.) kein bestimmter Zeitraum erforderlich; Bestimmbarkeit genügt („demnächst"; „prompt", „in den nächsten Tagen")

Rechtsfolge bei unangemessen kurzer Nachfrist:

- Frist ist auf angemessene Zeit zu verlängern; Fristsetzung daher nicht wirkungslos
- Wird unangemessene Frist durch AGB gesetzt: gänzlich unwirksam (Verbot d. geltungserhaltenden Reduktion)

Wann kommt nach der Art der Pflichtverletzung eine Fristsetzung nicht in Betracht, § 281 III BGB?

SE statt der Leistung / § 281

↳ Schuldrecht AT, Rn. 386 ff.

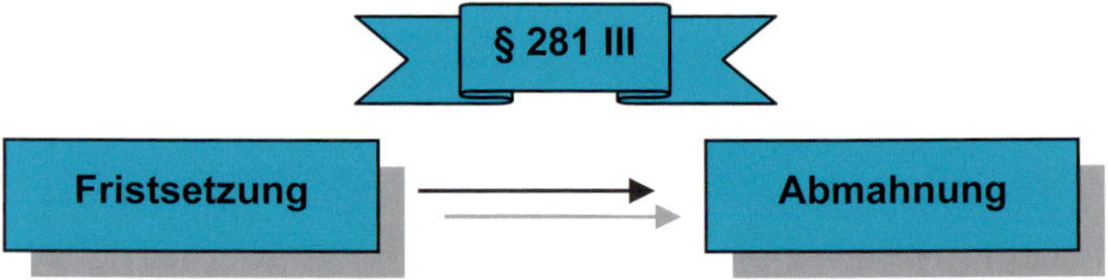

Nach Gesetzesbegründung: v.a. bei **Unterlassungspflichten**

(P) Bei Verletzung von Unterlassungspflichten wird kausaler Schaden schon von § 280 I gedeckt, SE statt der Leistung ist regelmäßig unnötig, deshalb kaum echte Relevanz von § 280 III

Muss in folgenden Konstellationen auf das Kriterium der eigenen Vertragstreue zurückgegriffen werden?

- Gläubiger übereignet die von ihm geschuldete Sache an einen Dritten
- Gläubiger zeigt sich nicht bereit, die Zug um Zug zu erbringende Gegenleistung zu erbringen

↬ SchuldR AT II: Karteikarte Nr. 133

Eigene Vertragstreue des Gläubigers

Kriterium **entbehrlich**, wenn durch Verhalten des Gläubigers schon andere Voraussetzungen des § 281 entfallen:

Bsp.:

- **Übereignung der geschuldeten Sache an Dritten:**
Unmöglichkeit der Gegenleistung des Gl.; nach § 326 I, 1. HS. i.V.m. § 275 I erlischt auch die Leistungspflicht des Schuldners, dann kein wirksamer Anspruch für § 281 I

- **Fehlende eigene Leistungsbereitschaft:**
§ 320 des Schuldners schließt auch ohne Erhebung der Einrede § 281 aus. Siehe oben KK Nr. 9

Was setzt das Erfordernis der eigenen Vertragstreue genau voraus?
Nennen Sie ein Beispiel für deren Fehlen!

↳ SchuldR AT II: Karteikarte Nr. 133

Eigene Vertragstreue

(-) bei Verletzung einer **synallagmatischen** Pflicht durch den Gläubiger, die nach Art und Schwere geeignet ist, Vertragszweck zu gefährden

Ausnahmen: Schuldner legt auf pflichtgemäßes Verhalten erkennbar keinen Wert; oder: Schu. hat Pflichtwidrigkeit durch *seine* Vertragsuntreue hervorgerufen

Beispiel:
*nach*leistungspflichtiger (sonst § 320!) Gläubiger kündigt an, seine Leistung nicht zu erbringen

Wie stehen Verzug und § 281 BGB zueinander?

Verzug	**§ 281 I S.1 Alt.1**
Tatbestand	**Tatbestand**
Schuldhafte, nicht rechtzeitige Leistung auf fälligen durchsetzbaren Anspruch, keine Unmöglichkeit **+ Mahnung**	Schuldhafte, nicht rechtzeitige Leistung auf fälligen durchsetzbaren Anspruch, keine Unmöglichkeit **+ erfolglose Frist**
Rechtsfolge	**Rechtsfolge**
Schadensersatz für den infolge der nicht rechtzeitigen Leistung entstandenen Schaden; SE **neben** der Leistung	Schadensersatz für den infolge der nicht rechtzeitigen Leistung entstandenen Schaden; SE **statt** der Leistung

Welche Schadensposten ersetzen
§§ 280 I, III, 281 BGB?

SE statt der Leistung / § 281

↳ Schuldrecht AT, Rn. 302 ff.

Ersatzfähiger Schaden i.R.v. §§ 280 I, III, 281

↓ ↓

Schadensersatz statt der Leistung

Umfang: All die Positionen, die an die Stelle des Erfüllungsanspruchs treten, also funktional als Leistungsersatz anzusehen ist; insbesondere Mehrkosten aus Deckungsgeschäften. Im Übrigen Abgrenzung zu SE neben der Leistung str; vgl. Skript Schuldrecht AT, Rn. 122 ff.

Was ist unter der Differenzmethode, was unter der Surrogationsmethode zu verstehen?

SE statt der Leistung / § 281

↳ Schuldrecht AT, Rn. 298 ff.

Es geht um die Schadensberechnung des SE statt der Leistung bei gegenseitigen Verträgen:

Differenzmethode:	Surrogationsmethode:
Die Pflicht des Gläubigers zur Gegenleistung **erlischt**; Teil des SE ist dann die Differenz von Leistung und Gegenleistung	Die Pflicht des Gläubigers zur Gegenleistung **bleibt bestehen**; Anspruch auf SE tritt nur an die Stelle des Leistungsanspruchs (bei Geld sinnlos, vgl. aber KK 35)

Kann bei §§ 280 I, III, 281 BGB der Gläubiger zwischen beiden Methoden der Schadensermittlung frei wählen?

SE statt der Leistung / § 281

↳ SchuldR AT II: Karteikarte Nr. 1

Problematisch nur: Differenzmethode, wenn Gläubiger Gegenleistung schon erbracht hat bzw. noch erbringen möchte

↓

H.M.: Gläubiger hat Wahlrecht; schutzwürdiges Interesse an Erbringung der Gegenleistung bzw. Rückforderung; aber nur, wenn Gegenleistung nicht in Geld besteht, bei Geld stets Differenztheorie

Also: Grds. Wahlrecht des Gläubigers!

Inwieweit besteht hinsichtlich der jeweiligen Rechtsfolgen ein Spannungsverhältnis zwischen §§ 280 I, III, 281 und §§ 280 I, II, 286 BGB?

↳ Schuldrecht AT, Rn. 403

(P) bei SE nach § 281 wird Gl. so gestellt als ob Schu. rechtzeitig geleistet hätte, Verzögerungsschaden wäre also als Rechnungsposten umfasst. **Heute herrschend: es muss funktionale Abgrenzung erfolgen, im Detail str.**

280 I, III, 281	Erfasst alle Schäden, die sich aus dem endgültigen Ausbleiben der Leistung ergeben
280 I, II, 286	Schäden, die auch bei rechtzeitiger Nachholung der Leistung nicht vermeidbar, also endgültig eingetreten

Anmerkung: Eine „allgemeingültige Formel" ist schwierig zu finden. Daher ist die Abgrenzung schwierig und umstritten, ausführlich: Hemmer/Wüst Schuldrecht AT, Rn. 122 ff.

Wie ist der Fall zu lösen, dass der Schuldner einer mehrteiligen Leistung einen Teil noch nicht erbracht hat und der Gl. nun SE statt der Leistung möchte?

↳ Schuldrecht AT, Rn. 412 ff.

SE statt der Leistung gem **§ 281**

bei ***Leistungsverzögerung*** eines ***Leistungsteils***

hinsichtlich des **nicht** erbrachten Teils	hinsichtlich des **erbrachten** Teils
unter den Voraussetzungen des § 281 I S.1: vgl. Wortlaut: „soweit“	Anforderungen des § 281 I S.2: nur wenn kein Interesse an Teilleistung

Interesse dabei objektiv zu bestimmen. Vorrang der Vertragsdurchführung; SE statt der ganzen Leistung ist Ausnahme

Was sind Tatbestand und Rechtsfolge von §§ 280 I, III, 282 BGB?

↳ Schuldrecht AT, Rn. 422

(1)	Wirksames Schuldverhältnis
(2)	Verletzung einer Pflicht nach **§ 241 II**
(3)	Vertretenmüssen des Schuldners
(4)	**Unzumutbarkeit** für den Gläubiger, am Vertrag festzuhalten
(5)	Bei ggs. Verträgen: Eigene Vertragstreue des Gl.

→ **Schadensersatz *statt* der Leistung**

Nach welchen Kriterien ist zu beurteilen, ob eine Pflichtverletzung nach § 241 II BGB unzumutbar i.S.v. § 282 BGB für den Gläubiger ist?

SE statt der Leistung / § 282

↳ Schuldrecht AT, Rn. 425 ff.

Unzumutbarkeit (+), wenn weitere Bindung des Gläubigers an Vertragspartner nicht angemessen

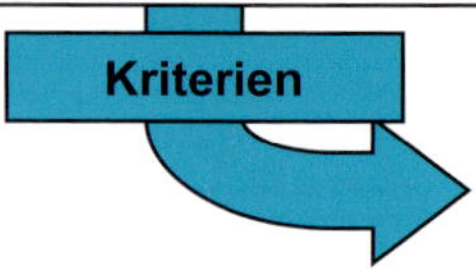

- Art,
- Schwere,
- Häufigkeit

... der Pflichtverletzung. Entscheidend ist Würdigung der **Gesamtumstände**! Regelmäßig ist vorher **<u>Abmahnung</u>** erforderlich. Aber entbehrlich, wenn Zweck (Änderung des Schuldnerverhaltens) nicht erreicht werden kann. ⇨ vgl. verhaltensbedingte Kündigung im Arbeitsrecht!

Wozu bedurfte es der Regelung des § 284 BGB?

Frustrierte Aufwendungen, § 284

↳ Schuldrecht AT, Rn. 432

Aufwendungsersatz, § 284

= freiwillige Vermögensopfer im Vertrauen auf ordnungsgemäße Leistung
⇨ wg. Differenzhypothese vom SE statt der Leistung nicht erfasst, daher gesonderte Regelung notwendig

Bsp.: *Partei bucht Veranstaltungshalle. Inhaber der Halle kündigt Vertrag pflichtwidrig auf.* Kosten der P für Werbung, Honorar für Redner, etc. = § 284. Grund: Auch bei Vertragsdurchführung wären diese Kosten entstanden ⇨ vom SE statt der Leistung nicht erfasst (vgl. bei erwerbswirtschaftlichen Aufwendungen aber Rentabilitätsvermutung, KK 43)

Unter welchen Voraussetzungen führt eine Pflichtverletzung im Schuldverhältnis zu einem Anspruch auf Aufwendungsersatz nach § 284 BGB?

Frustrierte Aufwendungen, § 284

↳ Schuldrecht AT, Rn. 431 ff.

Aufwendungsersatz
gem. **§ 284**

⇨ Alle Voraussetzungen eines Anspruches auf Schadensersatz *statt* der Leistung (h.M.: auch bei § 179 I).

⇨ Aufwendung billigerweise im Vertrauen auf die Leistung gemacht

⇨ Nicht ungeeignet zur Zweckerreichung

Klären Sie die beiden Tatbestandsmerkmale des § 284 BGB: „Billige Aufwendung im Vertrauen auf den Vertragszweck“ und „Nicht ungeeignet zur Zweckerreichung“!

Frustrierte Aufwendungen, § 284

↳ Schuldrecht AT, Rn. 431 ff.

Billige Aufwendung im Vertrauen auf den Vertrag

↓

1. Aufwendung muss im Vertrauen auf Erhalt der Leistung gemacht worden sein. (⇨ nur Aufw. nach Begründung des SchuldVerh)
2. billigerweise: <u>Wertungsfrage</u>, vgl. § 254
   (-) bei Missverhältnis oder wenn Scheitern des Schuldverh. offensichtlich

Nicht ungeeignet zur Zweckerreichung

↓

(-) wenn das Geschäft auch aus <u>anderen Gründen fehlgeschlagen</u> wäre
im Bsp. von KK Nr. 40: Wenn Parteiveranstaltung von einer verbotenen Vereinigung durchgeführt worden wäre, und die Polizei diese in jedem Fall aufgelöst hätte.

Ist eine Rentabilitätsvermutung beim Anspruch auf Schadensersatz noch zulässig?

Frustrierte Aufwendungen, § 284

↳ Schuldrecht AT, Rn. 437 f.

früher: Rentabilitätsvermutung

Vor der SR-Reform konnte der Gl. im Rahmen seines SE-Anspruchs nutzlose Aufwendungen **nur** unter dem Gesichtspunkt entgangenen Gewinns geltend machen. Man **vermutete**, dass der Gl. **zumindest Einnahmen** in Höhe seiner Aufwendungen gemacht hätte. Folge: nur kommerzielle Verträge gewährten hierüber Aufwendungsersatz

heute: entweder ...

Schadensersatz ⇔ oder ⇔ **Aufwendungsersatz**

Im Rahmen des SE statt der Leistung ist Rentabilitätsvermutung weiterhin zulässig; es besteht ein Wahlrecht zu § 284.

Was sind allgemein die Voraussetzungen eines wirksamen Rücktritts?

↳ SchuldR AT II: Karteikarte Nr. 134

Rücktrittsvoraussetzungen

I. Rücktrittsrecht

Kann sich ergeben aus:

- **Gesetz**: §§ 313 III S.1, 323, 324, 326 V, ggf. i.V.m. §§ 437 Nr. 2, 440; 634 Nr.3, 636
- **Vertraglicher** Vereinbarung (Rücktrittsvorbehalt)

II. Rücktrittserklärung

⇨ **§ 349**: einseitige, empfangsbedürftige WE (bedingungsfeindlich)
grundsätzlich frist- und formfrei (kann deshalb auch konkludent, z.B. durch Rückgabe der gekauften Sache erfolgen)

Wie hängen die gesetzlichen Rücktrittsrechte und die Schadensersatzansprüche nach §§ 280 ff. BGB zusammen?

I. Tatbestand

	SE statt der Leistung	Rücktrittsrecht
Nicht-/ Schlechtleistung	**§ 281**	**§ 323**
Nebenpflichtverletzung, § 241 II	**§ 282**	**§ 324**
Unmöglichkeit	**§ 283 / § 311a II**	**§ 326 V**

II. Rechtsfolge

§ 325 stellt ausdrücklich klar, dass Rücktritt und SE sich **nicht ausschließen**, d.h. liegen die jeweiligen Tatbestände vor, kann auch nach erklärtem Rücktritt SE begehrt werden. Unterschiede: Rücktritt verlangt ggs. Vertrag; Rücktritt ist verschuldensunabhängig

Kann ein Rücktrittsrecht auch durch AGB vereinbart werden?

Gemeinsame Vereinbarung nötig, auch konkludent möglich i. Zw. ⇨ **§§ 133, 157**; im Handelsrecht § 346 HGB berücksichtigen

AGB grundsätzlich möglich, ABER: besondere Einbeziehungsvoraussetzungen, §§ 305 - 305 c, und Inhaltskontrolle: **§ 308 Nr. 3:** zugunsten des Verwenders nur bei sachl. gerechtf. Grund! Beachten: § 309 Nr. 8 a) als Begrenzung des Rücktrittsausschlusses

→ Vertragliches Rücktrittsrecht (+)

Nennen Sie die Voraussetzungen des Rücktrittsrechts nach § 323 BGB!

↳ Schuldrecht AT, Rn. 480

Rücktrittsrecht aus § 323

1.	Gegenseitiger Vertrag
2.	Fällige und durchsetzbare Leistungspflicht
3.	Nichtleistung / nicht vertragsgemäße Leistung
4.	Fristsetzung oder Entbehrlichkeit
5.	Erfolgloser Fristablauf
6.	Eigene Vertragstreue des Gläubigers
7.	Kein Ausschluss des Rücktritts nach § 323 VI, oder nach § 218 I S.1

Erläutern Sie die beiden das Rücktrittsrecht nach
§ 323 I BGB ausschließenden Vorschriften
§ 323 VI BGB und § 218 I S.1 BGB!

↳ Schuldrecht AT, Rn. 492 ff.

Ausschluss des Rücktritts

§ 323 VI

- § 323 VI 2.Alt.: **Annahmeverzug**
- § 323 VI 1.Alt.: wenn **Gl**. für zum Rücktritt berechtigenden Umstand allein / weitgehend **verantwortlich**

→ Maßstab für Gläubigerverantwortlichkeit wie in § 326 II S.1, 1.Alt.

§ 218 I S.1

Rücktritt ist Gestaltungsrecht ⇨ kann nicht **verjähren**, verjährt aber Leistungsanspruch kann auch Rücktritt nicht mehr möglich sein.

Grund: Rechtssicherheit

Nennen Sie die Voraussetzungen eines Rücktrittsrechts wenn der Schuldner eine Pflicht i.S.v. § 241 II BGB verletzt!

↬ Schuldrecht AT, Rn. 515 ff.

Rücktrittsrecht aus **§ 324**

1.	Gegenseitiger Vertrag
2.	Verletzung einer Pflicht i.S.v. § 241 II
3.	Unzumutbarkeit für den Gläubiger trotz der Pflichtverletzung am Vertrag festzuhalten

Zwischen den §§ 323 ff. BGB und den Ansprüchen auf Schadensersatz besteht (neben dem Erfordernis eines gegenseitigen Vertrages) ein wesentlicher tatbestandlicher Unterschied. Welcher?

Rücktritt

Der Rücktritt gem. §§ 323 ff. ist vom **Vertretenmüssen** des Schuldners **unabhängig**.

Denn: Rücktritt führt wieder zum status quo, Schuldner nicht so schützenswert wie bei SE

Schadensersatzansprüche nach den §§ 280 ff. setzen **immer Vertretenmüssen** voraus.

Schadensersatz

Was sind die Voraussetzungen des Rücktritts nach § 326 V BGB? Welche Funktion hat die Norm, wo § 326 I S.1 HS. 1 BGB doch von selbst die Gegenleistung entfallen lässt?

↳ Schuldrecht AT, Rn. 524 ff.

Rücktrittsrecht aus **§ 326 V**

1.	Gegenseitiger Vertrag
2.	Unmöglichkeit einer Leistungspflicht des Schuldners
3.	Kein Ausschluss des Rücktritts nach §§ 326 V, 323 VI oder nach § 218 I S.1

§ 326 V hat **eigenständige Bedeutung**, **wenn**...

a) Teilleistung vorliegt, Gläubiger aber vom ganzen Vertrag zurücktreten will, § 323 V S.1

b) weitere Vertragspflichten bestehen, die der Gläubiger beseitigen will,

c) die Nacherfüllung unmöglich ist (unbehebbarer Sachmangel). Grund: § 326 I S.2 schließt hier § 326 I S.1 aus, da man sonst zur Minderung kraft Gesetzes käme.

Was bedeutet es, dass § 326 V BGB es dem Gläubiger erlaubt, nach Maßgabe *des § 323 BGB* zurückzutreten? Gilt § 218 I S.1 BGB auch im Rahmen von § 326 V BGB?

↳ Schuldrecht AT, Rn. 529 ff.

§ 326 V verweist auf den ganzen § 323, also **auch** auf **§ 323 VI**

→

Ausschluss des Rücktrittsrechts bei **Annahmeverzug** oder **Verantwortlichkeit des Gl**.

§ 218 I S.1 direkt ist nicht anwendbar – unmöglicher Anspruch kann nicht verjähren, deshalb **§ 218 I S.2**: Hypothese - *wäre* der unmögliche Anspruch verjährt? wenn (+) ⇨ **kein Rücktrittsrecht**

Geben Sie eine Übersicht über die verschiedenen Rücktrittsfolgen!

↳ Schuldrecht AT, Rn. 545 ff.

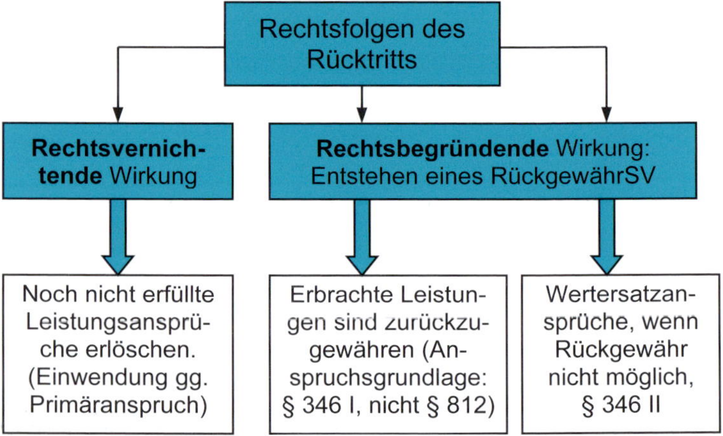

Wann ist der Rücktrittsschuldner zum Wertersatz verpflichtet?

↳ Schuldrecht AT, Rn. 551 ff.

Grds. Rückgewähr der empfangenen Leistung, § 346 I

↓

Stattdessen Wertersatz, **§ 346 II S.1 ...**

Nr. 1 → Rückgabe **unmöglich** wegen Natur der Sache;
Bsp.: *Dienstleistung, Werkleistungen, wie Konzerte, Gutachten, u.ä.*

Nr. 2 → Rückgabe **nicht mehr möglich**, da Gegenstand verbraucht, veräußert, belastet, verarbeitet oder umgestaltet wurde

Nr. 3 → Gegenstand hat sich **verschlechtert** / ist **untergegangen**. Es sei denn, dies beruht auf der bestimmungsgemäßen Ingebrauchnahme, AuffangTB für Nr.1 und Nr.2

Kann der Rücktrittsgläubiger Schadensersatz verlangen, wenn der zurückzugewährende Gegenstand untergegangen ist? Kommt es auf den Zeitpunkt des Untergangs an?

SE nach § 346 IV: § 280 I od. bei Unmöglichkeit § 283
Schu.pflicht Gegenstand so zurückzugewähren, wie er sich bei ordnungsgemäßer Nutzung befände; d.h. ist er verschlechtert, liegt **(obj.) Pflichtverletzung** vor. Gilt nach Palandt (§ 346, Rn. 15) auch, wenn Beeinträchtigung durch Handlung vor Rücktrittserklärung verursacht!

↓

Vertragliches R.recht
Part. müssen mit Rückgewähr rechnen; Verschulden (+), wenn sorgfaltswidrige, übermäßige Beanspruchung

Gesetzliches R.recht
• Rücktrittsgegner: Da er Rücktritt zu vertreten hat, haftet er nach § 276 • Rücktrittsberechtigter: *Vor* R.Erklärung Haftung nur für eigenübliche Sorgfalt, *danach* gem. § 276

Wie errechnet sich die Höhe des Wertersatzes?

↳ Schuldrecht AT, Rn. 560

Höhe des Wertersatzes

objektiv	Es ist *Wert*ersatz zu leisten – Wert ist grds. ein objektiv zu bestimmendes Kriterium.
subjektiv	§ 346 II S.2: Eine vertraglich bestimmte Gegenleistung ist bei der Wertermittlung zugrunde zu legen

Entscheidend sind ***beide*** Elemente: Man geht vom Marktwert aus, berücksichtigt aber, wenn vorhanden, die Vorstellung der Parteien.
Bsp.: PKW wird für 12.000 € verkauft (angenommener Wert: 10.000 €, tatsächl. Wert wg. Mangel: 8.000 €. Rücktritt des K. PKW zerstört ⇨ Wertersatz i.H.v. 9.600 € (80% von 12.000 €)

Wann ist die Pflicht zum Wertersatz ausgeschlossen?

↳ SchuldR AT II: Karteikarte Nr. 1

§ 346 III S.1 Nr.1, nur für Rücktritt wg. Mangelhaftigkeit

wenn sich Mangel erst bei Verarbeitung/ Umgestaltung zeigt. ⇨ Ausschluss nur für § 346 II S.1 Nr. 2

§ 346 III S.1 Nr.2

wenn Verschlechterung/ Untergang auch bei Rückgewährgläubiger eingetreten wäre, bzw. dieser sie zu vertreten hat. ⇨ Ausschluss nur für § 346 II S.1 Nr. 3

Ausschluss des Wertersatzes

§ 346 III S.1 Nr. 3, bei gesetzlichen Rücktrittsrechten

wenn Verschlechterung/ Untergang beim *Berechtigten* eingetreten ist und dieser die eigenübliche Sorgfalt, § 277, angewendet hat. Grund: bei gesetzl. R. darf Berechtigter davon ausgehen, dass Sache ihm endgültig gehört, ⇨ *eigen*übl. Sorgfalt

aufgrund einer Gesetzesänderung entfallen

↳ SchuldR AT II: Karteikarte Nr. 1

entfallen

Durch welche Form der Gestaltungserklärung können Dauerschuldverhältnisse beendet werden?

↳ Schuldrecht AT, Rn. 585 ff.

Dauerschuldverhältnis (Leistungsumfang wird nicht im Voraus, sondern durch Zeit bestimmt) wird ***ex nunc*** beendet durch die **<u>Kündigung</u>**

↓

Da Kündigung nur für Zukunft wirkt → keine Rückabwicklungsprobleme. Oft wird zwischen ordentlicher K. (kein Grund nötig außer bei § 573 BGB und des § 1 I, II KSchG) und außerordentlicher K. unterschieden.

für spezielle DauerSV	z.B. für Dienst-/ Arbeitsverträge, §§ 620 ff.; Miete, §§ 543, 568 ff., 573; Leihe, § 604 I; Bei digitalen Produkten: „Vertragsbeendigung“, § 327c I S.1
subsidiär: § 314	Kündigung aus wichtigem Grund

Was sind die Voraussetzungen einer Kündigung nach § 314 BGB; was die Rechtsfolgen?

Kündigung

↳ Schuldrecht AT, Rn. 594 ff.

Kündigung nach **§ 314**

1.	Dauerschuldverhältnis
2.	Erklärung innerhalb angemessener Frist
3.	**Wichtiger Grund**

↓

2-Stufen-Prüfung:

- Ist der Umstand *generell geeignet* als Kündigungsgrund
- Umfassende Interessenabwägung *im Einzelfall*

Was verstehen Sie unter der Geschäftsgrundlage? Welche Bedeutung hat sie und wo findet sich eine gesetzliche Verankerung?

Geschäftsgrundlage = Umstände, deren Vorliegen für (zumindest) eine Partei (erkennbar für die andere) so wesentlich ist, dass sie den Vertrag ohne sie nicht oder nur zu veränderten Bedingungen geschlossen hätte.

Störung der GG = **Änderung** (§ 313 I) der / **Fehlvorstellung** (§ 313 II) von den **tatsächlichen** Umständen, die **für Vertragsschluss wesentlich** waren.

Über § 313 I kann der Vertragsinhalt in Einzelfällen den veränderten Bedingungen angepasst werden
⇨ Ausnahme vom Grundsatz „pacta sunt servanda“

Zeigen Sie auf, anhand welcher drei Elemente bestimmt wird, ob Vertragsanpassung wegen Störung der Geschäftsgrundlage verlangt werden kann!

SGG / § 313

↳ Schuldrecht AT, Rn. 626 ff.

Geschäftsgrundlage

> ***Achtung***: *GG muss Umstand außerhalb der Vereinbarung sein, er darf nicht Vertragsbestandteil sein!*

reales Element	Vorausgesetzter Umstand muss sich nach Vertragsschluss schwerwiegend verändert haben
hypothetisches Element	Partei(en) hätte(n) bei Kenntnis des Wegfalls/ Fehlens Geschäft **nicht/ nicht so** abgeschlossen
normatives Element	Festhalten am unveränderten Vertrag unzumutbar; dabei Berücksichtigung gesetzl./vertragl. Risikoverteilung

Als die SGG noch gewohnheitsrechtlich hergeleitet werden musste, folgerte man daraus ihre prinzipielle Subsidiarität. Hat sich seit ihrer Normierung in § 313 BGB etwas geändert?

§ 313 ist die **gesetzliche Manifestation** eines **allgemeinen Billigkeitsgedankens**, gültig für alle vertraglichen Schuldverhältnisse. Andere gesetzliche Wertungen, dürfen dadurch nicht verwischt werden. Erreicht wird dies durch den **...**

lex specialis

... Grundsatz.

⇨ Unanwendbarkeit, bei speziellen Ausprägungen der GG, z.B. §§ 321, 489, 490, 519, 723, 775, 779

⇨ Unanwendbar, wenn anderweitige Rechtsinstitute vorrangig

Was sind die Prüfungsvoraussetzungen von § 313 BGB?

↳ Schuldrecht AT, Rn. 626 ff.

§ 313: Störung der GG Prüfungsschritte

(1)	Anwendbarkeit	nur für Verträge; Subsidiarität
(2)	Ermitteln der Geschäftsgrundlage	Vorausgesetzt, nicht Vertragsinhalt
(3)	3 Elemente, vgl. KK 62	
(4)	Rechtsfolge	Vertragsanpassung oder Rücktritt, Abs. 3

Ist das Institut der SGG in Fällen sog. wirtschaftlicher Unmöglichkeit anwendbar? Was gilt bei sog. faktischer Unmöglichkeit?

↳ Schuldrecht AT, Rn. 615 ff.

§ 313 nicht anwendbar, wenn bereits **gesetzl.** Vorschriften oder **vertragl.** Vereinbarungen den vorliegenden Interessenkonflikt lösen; hier SGG (-), wenn UnmöglichkeitsR (+)!

faktische Unmöglichkeit	**wirtschaftl.** Unmöglichkeit
Fall von § 275 II, wenn Einrede erhoben: Ausschluss der Leistungspflicht; vgl. KK SchuldR AT I, Nr. 86	§ 275 (-) vgl. KK SchuldR AT I, Nr. 82 auch keine anderen vorgehenden Regeln.
Daher § 313 **unanwendbar**	Daher § 313 **anwendbar**

Wie ist das Verhältnis von § 313 BGB und Auslegung?

Auslegung	**§ 313**
Jede Parteivereinbarung muss vor ihrer Subsumtion unter gesetzliche Regelungen ausgelegt werden: **Primat der Auslegung**	SGG dient als **letzte** „Billigkeits**instanz**“, um ungerechte Ergebnisse zu vermeiden; absolute Subsidiarität

Enthält in Frage stehender Vertrag Regelungen für Wegfall, Fehlen oder Änderung bestimmter Umstände: § 313 (-). Stattdessen ⇨ Anpassung nach den Grundsätzen der (ergänzenden) *Vertragsauslegung*.

Wie erfolgt die Abgrenzung zwischen SGG und § 812 I S.2 Alt. 2 BGB (Zweckkondiktion)?

↳ Schuldrecht AT, Rn. 624 f.

SGG und Zweckkondiktion

Subsidiarität der SGG: Wenn § 812 I S.2 Alt.2 einschlägig, verbleibt für SGG kein Anwendungsspielraum (str.)

__Problem:__ Sowohl bei § 812 I S.2 Alt.2 als auch bei der SGG geht es um Umstände, die **vorausgesetzt** werden, jedoch nicht eintreten oder von vorneherein fehlen.
§ 812 I S.2 Alt.2 fordert jedoch eine ***Zweckvereinbarung*** (dafür genügt, dass eine Seite die Erwartung der anderen Seite erkennt und sich entsprechend verhält!); eine nur **einseitige** Erwartung kann *niemals* zu § 812 I S.2 Alt.2 führen.

Wenn also Zweckvereinbarung **(-)**, kommt SGG in Betracht. Wenn **(+)**, nur § 812 I S.2 Alt.2!

Ist § 313 BGB anwendbar, wenn beide Vertragsparteien einem nach § 119 II BGB zur Anfechtung berechtigenden Irrtum unterliegen?

§ 313 bei beiderseitigem Eigenschaftsirrtum?

e.A.

Grds. zwar Regelungslücke (-) wg. **§ 119 II**; aber: **unbillig**, da es auf Zufall beruhe, wer letztlich die Anfechtung erklärt und damit nach § 122 haftet.

Daher § 313 **anwendbar**, i.E.: Vertragsanpassung bzw. bei Unzumutbarkeit Vertragsaufhebung!

a.A.

Zufalls-Argument *nicht richtig*: Anfechten wird nur der, zu dessen Nachteil der Irrtum geht (z.B. bei Verkauf eines Goldringes als Messingring). § 122 *nicht* unbillig!

Damit § 119 II durchaus billig; SGG **unanwendbar**!

Was versteht man unter Zweckstörung?
Geben Sie ein Beispiel!

SGG wegen Zweckstörung

Mindestens eine Partei hat mit dem Rechtsgeschäft einen Zweck verfolgt, der nicht (mehr) erreicht werden kann.
Abgrenzung: Zweck nicht Vertragsinhalt (sonst Unmöglichkeit), keine Zweckvereinbarung (sonst § 812 I S.2 Alt.2)

↓

z.B. Anmietung eines Balkons, um einen **Festzug** zu beobachten; der Festzug fällt aus. Oder: Kauf eines Grundstückes, um es zu bebauen; Gebäude aber **nicht genehmigungsfähig**

Problematisch i.d.R. nur **normatives Element** (§ 242): Wie sehr ist Festhalten am Vertrag unzumutbar; in wessen Risikobereich fällt die fehlende Zweckerreichung etc.!

Achtung: ≠ Zweckerreichung/Zweckfortfall ⇨ dann Unmöglichkeit!

Erläutern Sie die Fallgruppe der Leistungserschwerung!

↳ Schuldrecht AT, Rn. 637 ff.

SGG wegen Leistungserschwerung

Erschwerung der Leistungserbringung, v.a. durch nachträgliches Eintreten unvorhergesehener Umstände (wenn vorhersehbar i.d.R. normatives Element (-), einzelfallabhängig!)

Aus persönlichen Gründen

z.B.: Opernsängerin fühlt sich wg. des Todes ihres Vaters zum Auftritt außerstande

TB von § 313 zwar grds. (+), Situation aber von § 275 III abschließend geregelt
⇨ i.E. § 313 **(-)**

Aus wirtschaftl. Gründen

= Fallgruppe der wirtschaftl. Unmöglichkeit

Nach Willen des Reformgesetzgebers § 275 II nicht einschlägig ⇨ § 313 bei Überschreiten der Zumutbarkeitsgrenze **(+)**

Was ist unter einer Äquivalenzstörung zu verstehen? Führt diese zu einer Anpassung des Vertrages nach den Regeln der SGG?

SGG wegen Äquivalenzstörung

= Störung des Verhältnisses von Leistung und Gegenleistung, v.a. durch Entwertung des Leistungsgegenstandes (v.a. bei Geld: Inflation)

↓

Grundsätzlich trägt Risiko der Gläubiger, aber im Rahmen des norm. Elements **einzelfallabhängige** Betrachtung, ob SGG (+) oder (-):

- **gegen** Vertragsanpassung spricht, wenn Entwertung voraussehbar, v.a. gewöhnliche Inflation; anders bei hoher Inflation wg. Wirtschaftskrise o.ä.
- **für** Vertragsanpassung spricht es, wenn Leistung einem Versorgungszweck (z.B.: private Rente) dienen sollte; dann eher SGG (+)!

Welche Rechtsfolgen zieht die Störung der Geschäftsgrundlage nach sich?

↳ Schuldrecht AT, Rn. 645 ff.

Rechtsfolgen der SGG

grundsätzlich

§ 313 I, *Anspruch auf Vertragsanpassung*

Der Benachteiligte kann verlangen, dass der Vertrag den geänderten Bedingungen angepasst und die Unzumutbarkeit beseitigt wird.

Wenn unmöglich oder unzumutbar:

§ 313 III, *Rücktritt bzw. Kündigung*

Benachteiligter hat ein Recht zum Rücktritt (§ 313 III S.1) bzw. bei DauerSV zur Kündigung (§ 313 III S.2). Die Rückabwicklung erfolgt nach §§ 346 ff.

Welche prozessuale Folge hat es, dass § 313 BGB als Anspruch ausgestaltet wurde?

Bsp.: *A verpflichtet sich gegenüber B, ihm im nächsten Jahr Heizöl für 12 Cent je Liter zu liefern. Aufgrund unzumutbarer und unvorhersehbarer Leistungserschwerung beträgt sein Einkaufspreis 80 c/l. B bezahlt nur den 12 c/l entsprechenden Kaufpreis.*

Wortlaut § 313
I. Klage auf Vertragsanpassung (Leistungsklage) ⇨ Rechtskraft des Urteils fingiert WE der Gegenpartei, § 894 ZPO
II. Klage: Aus dem jetzt geänderten Vertrag könnte A auf Erfüllung (Zahlung i.H.v. 80 c/l) klagen

Dagegen: Zu umständlich; Widerspruch zur Intention, an SGG sachlich nichts ändern zu wollen.
Deshalb: **Unmittelbare Klage auf Leistung** gemäß geändertem Vertrag zulässlg. (Anspruch auf Anpassung wird inzident geprüft).

Wie bezeichnet man den Abtretenden, wie den Erwerber einer Forderung? Handelt es sich um einen schuldrechtlichen Vertrag?

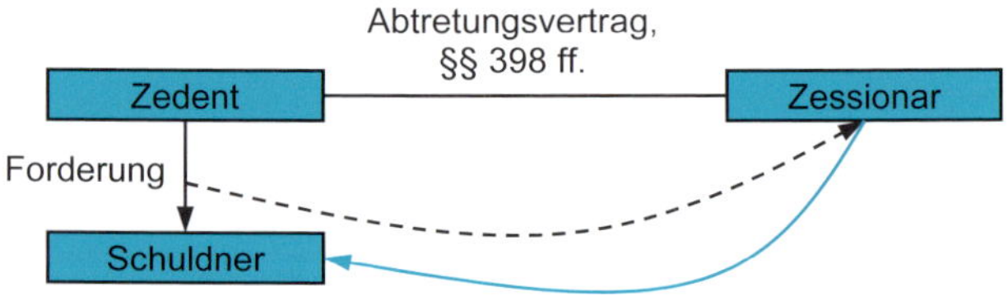

Abtretungsvertrag ist kein schuldrechtl. Vertrag, da keine Rechte und Pflichten begründet werden; vielmehr: Verfügungsvertrag, da Berechtigung an der Forderung unmittelbar geändert wird.

Abtretung ist vom schuldrechtl. Kausalgeschäft (z.B. Forderungskauf, §§ 453 I, 433 I) **abstrakt** (Abstraktionsprinzip!); wenn dieses unwirksam: Rückabtretungsanspruch, §§ 812 I S.1 Alt.1, 818 I

Nennen Sie die Voraussetzungen einer wirksamen Abtretung!

Abtretung, §§ 398 ff.

(1)	Wirksamer Abtretungsvertrag	Geltung der §§ 104 ff.
(2)	Kein Abtretungsverbot	v.a. §§ 399, 400
(3)	Berechtigung	Forderung existent und Zedent als Inhaber

Unter welchen Voraussetzungen ist die Abtretung einer künftigen Forderung möglich?

Abtretung künftiger Forderungen

Zedent muss **Berechtigter** sein, d.h. die abzutretende Forderung muss wirksam bestehen; jedoch kann auch eine künftige Forderung abgetreten werden (arg. ex § 185 II S.1 Alt.2). Die Abtretung entfaltet ihre **Wirkungen** dann **mit Entstehung** der im Voraus abgetretenen Forderung.

Anforderungen an Abtretungsvertrag: wenigstens **Bestimmbarkeit** der künftigen Forderung

Für jeden Dritten muss sich allein aus dem Abtretungsvertrag ergeben, ob bei Entstehung der Forderung diese unter die Abtretung fallen soll oder nicht!

K verkauft dem Z einen Anspruch gegen V aus einem Grundstückskaufvertrag auf Übereignung von dessen Grundstück und tritt diesen Anspruch an Z ab.

Kommt § 311b I S.1 BGB zur Anwendung?

Beachten: Abtretung (Verfügungsgeschäft) einerseits, Forderungskauf (schuldrechtl. Kausalgeschäft) andererseits; für beide Rechtsgeschäfte könnte § 311b I S.1 in Betracht kommen, ABER:

Abtretung	= Verfügungsgeschäft, § 311b I S.1 erfasst gem. Wortlaut aber nur **Verpflichtungs**geschäfte, daher (-)
Kaufvertrag	Enthält **Verpflichtung** des K, den Anspruch auf Grundstücksübereignung gegen V an Z zu übertragen (§ 433 I S.1); evtl. § 311b I S.1 analog? Vergleichbare Interessenlage (-), da K nie **Eigentümer** des Grundstücks; Warnfunktion soll nur den treffen, der sich zur Übereignung seines GSt. verpflichtet; daher auch insoweit § 311b I S.1 (-)!

Worin besteht der wesentliche Unterschied zwischen Abtretung und Einziehungsermächtigung?

Abtretung		Einziehungsermächtigung
§§ 398 ff.; Zessionar erwirbt die Forderung, Zedent verliert sie; dies kann Zedent nicht einseitig rückgängig machen.	⟷	• Ermächtigender **behält** die Forderung • Ermächtigter erhält die Befugnis, die sich aus der Forderung ergebenden Rechte geltend zu machen (v.a.: Leistungsverlangen ggü. Schuldner)
		Auf §§ 185, 362 II gestützt; jedenfalls gewohnheitsrechtlich anerkannt

Welche Rolle spielt § 399 Alt. 2 BGB im Zusammenhang mit einer Lieferung unter verlängertem Eigentumsvorbehalt?

Konstruktion: Vb-Verkäufer ermächtigt (§ 185 I) Vb-Käufer, über gelieferte Sachen zu verfügen; lässt sich zur Sicherung der Kaufpreisforderung diejenigen künftigen Forderungen des Vb-Käufers gegen die Dritten abtreten, die der Vb-Käufer aus den zugrundeliegenden Verpflichtungsgeschäften (Kauf...) erlangt. Diese darf der Vb-Käufer aber einziehen.

Wenn Vb-Käufer mit Drittem Nichtabtretbarkeit vereinbart (§ 399 Alt. 2), ist Vb-Verkäufer ungesichert. Daher ist auflösende Bedingung (§ 158 II) der Verfügungsermächtigung (§ 185 I) anzunehmen: Wenn Nichtabtretbarkeit vereinbart, fällt Ermächtigung weg; Vb-Käufer verfügt als *Nichtberechtigter*

Aber beachten: Nach **§ 354a I HGB** hat Vereinbarung der Nichtabtretbarkeit i.d.R. keine Wirkungen; damit erhält Vb-Verkäufer die Forderungen, ist ausreichend gesichert. Die Verfügungsermächtigung des Vb-Käufers bleibt bestehen!

D tritt S eine durch eine Bürgschaft gesicherte Forderung ab unter ausdrücklichem Ausschluss des Übergangs der Bürgenforderung. Rechtsfolge für die Bürgenforderung?

§ 401 würde grds. Bürgschaftsforderung mit gesicherter Forderung übergehen lassen; ist jedoch dispositiv, hier abbedungen.

BGH	A.A.
Wg. Akzessorietät erlischt Bürgenschuld analog § 1250 II	Akzessorietät steht isolierter Abtretung der Hauptforderung nicht entgegen: Bürgenforderung verbleibt mit dem Inhalt, dass Bürge für Hauptschuld gegenüber dem (neuen!) Gläubiger einzustehen hat. Da Zedent hieran nicht interessiert, i.d.R. Erlass

Im Regelfall keine unterschiedlichen Ergebnisse!

Wem steht nach Abtretung der Anspruch auf Ersatz eines Verzögerungsschadens zu? Kann der Zessionar Gestaltungsrechte ausüben?

Abtretung führt **nicht** zu einem **Wechsel** der **Vertragsparteien** (anders als Vertragsübernahme!); dem Zedent bleibt daher Geltendmachung von Rechten, die den **gesamten** Vertrag betreffen, vorbehalten.

Verzögerungsschaden, §§ 280 I, II, 286 I	= Begleitschaden, der den Primäranspruch und den Vertrag im Übrigen unangetastet lässt; kann daher der Zessionar uneingeschränkt geltend machen
⇕	
Gestaltungsrechte	z.B. Rücktritt, Anfechtung; tangieren den gesamten Vertrag, daher nur durch Zedent möglich (aber Überlassung der Ausübung an Zessionar zulässig, h.M.). Zedent kann Rechte jedoch nur mit Zustimmung des Zessionars ausüben, § 351 analog

Gilt § 404 BGB auch für Einreden?
Wie lässt sich dies begründen?

Geltungsbereich des § 404

Wortlaut mehrdeutig: Einwendungen i.e.S. (= rechtshindernde und rechtsvernichtende Einw.) oder Einwendungen i.w.S. (auch rechtshemmende Einwendungen = Einreden) könnten gemeint sein.

§ 404 umfasst **auch Einreden,** denn:

- bei Vorliegen von Einwendungen i.e.S. im ZP der Abtretung bestünde keine abtretbare Forderung, die Abtretung ginge ins Leere. Die Normierung von § 404 wäre überflüssig!
- Schuldner soll durch Gläubigerwechsel nicht benachteiligt werden, dies setzt den Erhalt auch von Einreden voraus.

Bewirkt die Abtretung den Neubeginn der Verjährung der abgetretenen Forderung?

Verjährung und § 404

<u>Denkbar:</u> Einrede (§ 214 I) muss im ZP der Abtretung bereits *bestehen*, daher erneuter Fristlauf mit Abtretung. Dies käme einem Neubeginn der Verjährung gleich, vgl. § 212.

↓

<u>Aber:</u> Dies würde dem Schuldnerschutzgedanken der §§ 404 ff. widersprechen, wonach der Schuldner durch die Abtretung nicht benachteiligt werden soll.

§ 404 setzt **kein Bestehen** der Einrede voraus, vielmehr muss diese nur **begründet** sein (Wortlaut; anders: § 1157!). Daher ist die Frist vor Abtretung *mitzuberechnen*; kein Neubeginn der VJ.

Ist § 406 BGB lex specialis zu § 407 BGB?

§ 406 regelt ausdrücklich die Aufrechnung des Schuldners, weshalb diese von § 407 („bewirkt") nicht erfasst sein könnte.
Aber: § 406 und § 407 regeln *völlig* verschiedene Fragen, es handelt sich um *kein* Konkurrenzverhältnis! Beide Normen stehen **nebeneinander**!

§ 407	§ 406
Regelt das irrtümliche Leisten an den **Zedenten** in Unkenntnis der Abtretung; „...sowie jedes Rechtsgeschäft..." umfasst auch Erfüllungssurrogate, also auch die Aufrechnung, §§ 387 ff.	Regelt die Erhaltung der Aufrechnungslage zum Schutz des Schuldners. Dementsprechend findet hier eine Aufrechnung ggü. dem **Zessionar** statt, obwohl Gegenforderung gegen *Zedent* gerichtet ist

Stellen Sie überblicksmäßig den Regelungsgehalt der §§ 407 - 409 BGB dar!

§§ 407 - 409 = Schuldnerschutzvorschriften; gutgläubiger Schuldner wird bei Leistung an einen Nichtberechtigten ggü. dem tatsächlichen Forderungsinhaber frei (Berechtigter erhält gg. NBer. Anspruch aus § 816 II)

§ 407	§ 408	§ 409
Leistung an bisherigen Gläubiger (Zedent) in Unkenntnis der bereits erfolgten Abtretung (§ 407 I) § 407 II: Abtretung vor Rechtshängigkeit; Urteil zw. Zedent und gutgl. Schu. bindet Zessionar	Bereits abgetretene Forderung wird (wirkungslos!) erneut abgetreten (Abs. 1) oder überwiesen (Abs. 2); befreiende Zahlung an Zweitzessionar / Vollstreckungsgläubiger	Zahlung entsprechend einer unrichtigen Abtretungsanzeige

Kann die Abtretungsanzeige gem. § 409 BGB durch einen Minderjährigen ohne Zustimmung des gesetzlichen Vertreters erfolgen? Ist sie anfechtbar?

Abtretungsanzeige, § 409

Anzeige ist kein Rechtsgeschäft, jedoch **rechtsgeschäftsähnliche** Handlung; auf diese §§ 104 ff. analog anzuwenden

↓

- daher auch §§ 119 ff.; **Anfechtbarkeit** (+) (str.)
- § 107 gilt; Anzeige wg. Gefahr der befreienden Leistung an einen Nichtberechtigten und der Entreicherung nach §§ 816 II, 818 III rechtlich nachteilig, daher ohne Zustimmung des gesetzl. Vertreters **unwirksam, § 111 S.1 analog**.
  zudem: § 409 ist Fall des Einstehenmüssens für einen *veranlassten* Rechtsschein; *diese* Rechtsscheinshaftung trifft jedoch nur voll Geschäftsfähige!

Warum ist § 405 BGB von der Verweisung in § 412 BGB ausgenommen?

§ 412 erklärt im Falle gesetzlichen Forderungsübergangs (sog. Legalzession) die meisten Vorschriften der §§ 399 ff. für entsprechend anwendbar

§ 405 lässt gutgläubigen Forderungserwerb bzgl. der Unwirksamkeit der Forderung wg. § 117 I oder der Unwirksamkeit der Abtretung wg. § 399 Alt. 2 zu

Ein gutgläubiger Erwerb ist ohne Vorliegen eines **Rechtsgeschäfts** nicht möglich; Legalzession ist Erwerb kraft Gesetzes, daher § 405 folgerichtig **nicht** entsprechend anwendbar!

Was ist unter einer Sicherungszession zu verstehen?

↳ KreditsicherungsR, Rn. 83f.

Sicherungszession

Instrument zur Sicherung eines Kredits (oft Warenkredit), vergleichbar mit Sicherungsübereignung; Sicherungsgegenstand jedoch nicht Eigentum an einer Sache, sondern Inhaberschaft bzgl. Forderung

- Sicherungsnehmer (SN) erhält durch Abtretung die sichernde Forderung; Abtretung i.d.R. *nicht* auflösend bedingt (§ 158 II) - wie bei SiÜb.

<u>Schuldrechtl. Sicherungsvertrag:</u> (Wirkung nur im Innenverhältnis Sicherungsgeber (SG) und SN)

- wann darf SN Forderung einziehen (= verwerten)? I.d.R. mit Fälligkeit der zu sichernden Forderung, vgl. §§ 1282, 1228 II
- Verpflichtung des SN, sichernde Forderung zurückzuübertragen, wenn Sicherungsinteresse (v.a. durch Erfüllung der zu sichernden Forderung) wegfällt
- Einziehungsermächtigung durch SN an SG

Können SG und SN bei einer Sicherungszession wirksam vereinbaren, dass der SN die sichernde Forderung vor Eintritt der Verwertungsreife nicht erneut abtreten darf?

Wechsel der Aktivlegitimation

↳ KreditsicherungsR: Karteikarte Nr. 73

Grds. kann das Recht des Berechtigten, wirksam über ein veräußerliches Recht zu verfügen, nicht durch Rechtsgeschäft ausgeschlossen werden, **§ 137 S.2**. Die Vereinbarung hat daher grds. nur schuldrechtl. Charakter.

Ausnahme hierzu ist **§ 399 Alt.2**, der die rechtsgeschäftl. Vereinbarung eines solchen Verfügungsverbotes zulässt.

↓

Aber: Dies stellt Inhaltsänderung der Forderung dar; zu einer solchen sind nur die Parteien des forderungsbegründenden Rechtsverhältnisses befugt; dies ist SN und dessen (Dritt)Schuldner, **nicht** aber SN und SG; daher § 399 Alt.2 (-)!

Wie können SN und SG dennoch erreichen, dass der SG bis zur Verwertungsreife nicht wirksam über die sichernde Forderung verfügen kann?

SG und SN können die Abtretung auflösend bedingen, § 158 II: Bedingungseintritt ist die Erfüllung der zu sichernden Forderung durch den SG.

Rechtsfolge: Bei Bedingungseintritt sind Verfügungen über die sichernde Forderung gem. §§ 161 II, 161 I S.1 **unwirksam**. § 161 III mangels der Möglichkeit eines gutgl. Forderungserwerbes (-)!

Welches Problem stellt sich hinsichtlich des Schutzes des SG, wenn gegenüber der gesicherten Forderung Einreden oder Einwendungen bestehen?

Wechsel der Aktivlegitimation

↳ KreditsicherungsR, Rn. 208

Bei der Sicherungs*übereignung* bleibt der SG i.d.R. Besitzer der Sache; Einwendungen und Einreden gegen die gesicherte Forderung kann SG ggü. dem Herausgabeverlangen des SN (§ 985) als BesitzR aus dem SiVertrag geltend machen (§ 986 I S.1)

↕

Bei der Sicherungs*abtretung* bedarf es zur Verwertung der sichernden Forderung keiner Mitwirkung des SG mehr; dem Drittschuldner stehen aber Einreden aus dem Sicherungsvertrag gegen das Zahlungsverlangen des SN nicht zu, da er nicht Partei des Sicherungsvertrages ist (**Relativität** schuldrechtl. Beziehungen)

Im Sicherungsvertrag kann vorgesehen werden, dass Drittschuldner solche **Einreden ausüben darf** (§ 328 analog); jedoch nicht im Zw., sd. nur bei ausdr. Vereinbarung; SN auf SE gegen SG beschränkt!

Welche beiden Arten der Schuldübernahme kennen Sie?

Wechsel der Passivlegitimation

Schuldübernahme

Privative Schuldübernahme

= **befreiende** Schuldübernahme: es kommt zu einem **Wechsel** des Schuldners im Rahmen eines Schuldverhältnisses i.e.S.

Geregelt in §§ 414 ff.

Kumulative Schuldübernahme

= Schuldmitübernahme, Schuldbeitritt: **Neben** bisherigen Schuldner eines Schuldverhältnisses i.e.S. tritt ein **weiterer** Schuldner; Ergebnis = Gesamtschuldnerschaft, §§ 421 ff.

Nicht gesetzl. geregelt, aber nach §§ 311, 241 I zulässig

Auf welche Weise kann eine (rechtsgeschäftliche) befreiende Schuldübernahme zustande kommen? Warum sieht das Gesetz in beiden Fällen die Mitwirkung des Gläubigers vor?

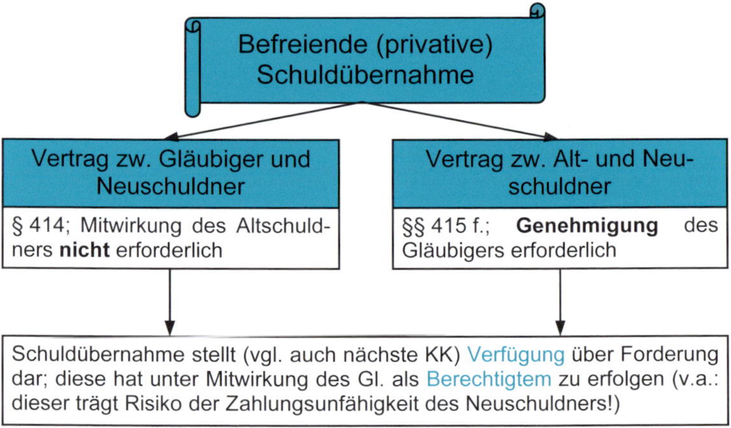
Befreiende (privative) Schuldübernahme
Vertrag zw. Gläubiger und Neuschuldner
§ 414; Mitwirkung des Altschuldners **nicht** erforderlich
Vertrag zw. Alt- und Neuschuldner
§§ 415 f.; **Genehmigung** des Gläubigers erforderlich
Schuldübernahme stellt (vgl. auch nächste KK) Verfügung über Forderung dar; diese hat unter Mitwirkung des Gl. als Berechtigtem zu erfolgen (v.a.: dieser trägt Risiko der Zahlungsunfähigkeit des Neuschuldners!)

Welche Rechtsnatur hat die befreiende Schuldübernahme? Wie ließe sich die Genehmigungspflicht nach § 415 I S.1 BGB ohne Geltung dieser Norm gesetzlich begründen?

Rechtsnatur

- seitens des Gl.: **Verfügung**, da sich durch Auswechslung des Schuldners die Forderung unmittelbar ändert.
- seitens des Neuschuldners: **Verpflichtungsgeschäft**, da dessen schuldrechtl. Verpflichtung ggü. Gl. begründet wird!

! Bei § 415 verfügen Alt- und Neuschuldner als **Nichtberechtigte** über die Forderung des Gl.; Genehmigungspflicht (bzw. –möglichkeit) würde sich auch aus **§ 185 II** ergeben! !

Was gilt, wenn die Genehmigung für eine nach § 415 I BGB vereinbarte Schuldübernahme verweigert wird und der (Alt)Schuldner an den Gläubiger zahlt?

§ 415 III: Gescheiterte Schuldübernahme gilt zw. den Parteien im Zweifel als Erfüllungsübernahme: Schuldner hat gegen Übernehmer Anspruch auf Befreiung von seiner Verbindlichkeit ggü. dem Gläubiger. Dieser hat aber keinen Anspruch gegen den Übernehmer!

Zahlt der Schuldner selbst, wird Befreiungspflicht unmöglich, und erlischt, § 275 I (**Zweckerreichung**). Befand sich der Übernehmer im Verzug, hat er dies nach § 287 S.2 zu vertreten, Anspruch des Schuldners gegen ihn aus **§§ 280 I, III, 283**!

Welche Einwendungen stehen dem Übernehmer bei der befreienden Schuldübernahme gegen den Gläubiger zu?

Einwendungen bei befreiender Schuldübernahme

§ 417 I

- aus dem übernommenen Schuldverhältnis i.e.S., auch Einreden. Wie bei § 404 müssen diese nur bereits angelegt, nicht entstanden sein.
- **Keine** Einrede der Gestaltbarkeit, § 770 analog!

§ 417 II

- wg. Abstraktheit der Schuldübernahme keine Einwendungen aus Grundverhältnis Altschuldner / Gläubiger
- bei Schuldübernahme nach § 414 jedoch rechtshindernde / rechtsvernichtende Einwendungen als Einrede gem. **§ 821**!

Ist die Übernahme einer Verpflichtung aus einem Grundstückskaufvertrag formbedürftig?

Form der Schuldübernahme

Grds. Schuldübernahme formfrei; jedoch hier evtl. § 311b I S.1 einschlägig

- Übernahme der **Verkäuferpflicht** (§ 433 I S.1) zur Grundstücksübereignung: Verpflichtungsgeschäft des Neuschuldners mit dem Inhalt, dem Gl. die Grundstücksübereignung zu schulden, unterfällt *direkt* § 311b I S.1
- Übernahme der **Käuferpflicht** (§ 433 II): Ist ledigl. Übernahme einer Geldschuld, § 311b I S.1 nach BGH unanwendbar

Was ist der Regelungszweck des § 418 I BGB?

§ 418 I

Betrifft das Schicksal akzessorischer Sicherungsmittel bei Schuldübernahme der gesicherten Forderung; auf nichtakzessorische Sicherungsmittel analog anwendbar

Sicherungsgeber ist daran interessiert, dass ihm nicht ein weniger solventer **Hauptschuldner „untergeschoben"** wird, da sich hierdurch das **Risiko** der Verwertung der Sicherheit **erhöht**. Daher erlischt Sicherheit, es sei denn (vorherige) Einwilligung des Sicherungsgebers, § 418 I S.3

Was geschieht bei der befreienden Schuldübernahme mit Gestaltungsrechten des Altschuldners?

Gestaltungsrechte bei privativer Schuldübernahme

Grundsatz	• Gestaltungsrechte verbleiben beim **Altschuldner**, da sie die Geltung des gesamten Vertrages betreffen, deren Partei der Altschuldner bleibt • jedoch (auch konkl.) **Übertragung** auf Neuschuldner möglich (wie bei Abtretung)
Ausnahme	ausschließlich schuldbezogene Gestaltungsrechte betreffen nicht den gesamten Vertrag, sondern nur die übernommene Schuld (z.B. WahlR bei Wahlschuld, § 262). Diese gehen automatisch auf Neuschuldner über.

Was ist unter einer Vertragsübernahme zu verstehen? Auf welche Weise kann eine solche zustande kommen?

Vertragsübernahme

= **einheitl. Rechtsgeschäft**, wodurch eine Vertragspartei hinsichtlich des **gesamten** Schuldverhältnisses i.w.S. ausgetauscht wird. *Keine* Kombination mehrerer Abtretungen und Schuldübernahmen!

Dreiseitiger Vertrag

Zw. eintretender und ausscheidender Partei sowie der verbleibenden Vertragspartei

Vertrag zw. ausscheidender und eintretender Seite

Zustimmung der verbleibenden Vertragspartei erforderlich, gleicher Rechtsgedanke wie in § 415

Wie ist der Schuldbeitritt von der Bürgschaft oder dem selbständigen Garantievertrag abzugrenzen?

Abgrenzungskriterium = Grad der Akzessorietät

Bürgschaft	Schuldbeitritt	Garantievertrag
= **streng** akzessorisch zur Hauptschuld, vgl. v.a. § 767	Eigene Verbindlichkeit des Beitretenden wird begründet; Verbindlichkeiten können sich unterschiedlich entwickeln, § 425. **Gesamtwirkung** nur in Ausnahmefällen, §§ 422 - 424	Garantieverbindlichkeit ist **streng nichtakzessorisch** zur Verpflichtung, deren Erfüllung garantiert wird.

Auf welche Weise kann ein Schuldbeitritt zustande kommen?

Schuldbeitritt: Zustandekommen

Vertrag zwischen Gl. und Neuschuldner

Einseitiger Verpflichtungsvertrag, §§ 311 I, 241 I

Vertrag zwischen Alt- und Neuschuldner

= echter Vertrag zugunsten Dritter: Gläubiger erhält (zusätzliches) ForderungsR gegen Neuschuldner

Kann der Beitretende Einreden / Einwendungen des Altschuldners gegenüber dem Gläubiger geltend machen?

Geltendmachung von Einreden / Einwendungen des Altschuldners

Gläubiger erhält durch Schuldbeitritt einen weiteren Schuldner; jedoch soll der Schuldinhalt nicht geändert werden. Daher: Beitretender tritt der **Schuld** in dem **Zustand** bei, indem sie sich im **ZP des Beitritts** befindet.

Einreden / Einwendungen, die im ZP des Beitritts zugunsten des Altschuldners **schon bestanden** oder **angelegt** waren (wie bei § 404) stehen auch dem Beitretenden zu.

Später entstehende Einreden / Einwendungen stehen dem Beitretenden grds. nicht zu; die §§ 422 ff. sehen abschließende Ausnahmen vor, z.B. § 422 I: Erfüllung

Wie erfolgt der Rückgriff des Beigetretenen, der an den Gläubiger gezahlt hat?

Rückgriff bei Zahlung des Beigetretenen

§ 426 I	Beim Schuldbeitritt ist „ein anderes bestimmt“ i.S.d. § 426 I S.1, Altschuldner soll volle Haftung tragen; daher in voller Höhe Regressanspruch des Beigetretenen aus § 426 I
§ 426 II	Im gleichen (vollen!) Umfang Legalzession nach § 426 II: Beigetretener erhält Anspruch des Gl. gegen den Altschuldner; Vorteil: Sicherungsmittel bleiben erhalten, §§ 412, 401
Grundverhältnis	Schuldner / Beigetretener, z.B. § 670

Welche Rechtsverhältnisse gilt es beim Vertrag zugunsten Dritter zu unterscheiden?

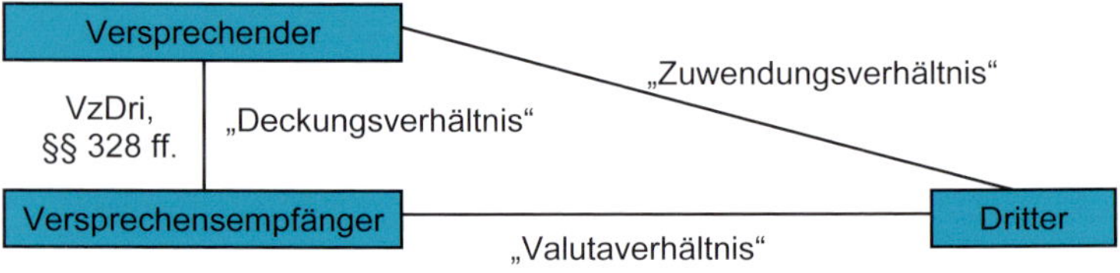

- Versprechensempfänger (**VE**) und Versprechender (**V**) vereinbaren, dass V an Dritten zu leisten hat = Vertrag zugunsten des Dritten i.S.d. §§ 328 ff. (z.B.: Kaufvertrag); sog. **Deckungsverhältnis**
- VE erfüllt dadurch evtl. eine Verpflichtung aus dem **Valutaverhältnis** (z.B.: Schenkungsvertrag); anderenfalls an GoA denken
- **Zuwendungsverhältnis** kein vertragl. Rechtsverhältnis; jedoch kann Dritter gegen den Versprechenden ForderungsR haben, § 328 I

Worin besteht der Unterschied zwischen echtem und unechtem Vertrag zugunsten Dritter?

Vertrag zugunsten Dritter

echter VzDri

Dritter erwirbt einen **eigenen Anspruch** gegen den V
V ist sowohl ggü. dem Dritten als auch ggü. VE (§ 335) verpflichtet, an den Dritten zu leisten.

unechter VzDri

Dritter erwirbt **keinen** eigenen Anspruch gegen den V;
V ist nur dem *VE* verpflichtet, an den Dritten zu leisten.
(z.B. von § 328 II vorausgesetzt)

Auf welche Einwendungen kann sich der Versprechende nach § 334 BGB berufen?

§ 334

Betrifft Einwendungen im weitesten Sinne (auch Einreden) aus dem Deckungsverhältnis: Diese kann V auch dem Dritten entgegenhalten (beim echten VzDri)

Einschränkung: Einwendungen müssen im ZP des Rechtserwerbs seitens des Dritten (= i.d.R. ZP des Vertragsschlusses zw. V und VE) angelegt sein (wie § 404)

Beachten: Einwendungen aus dem Valutaverhältnis stehen dem Versprechenden nicht zu; Ausnahme: Valutaverh. als Geschäftsgrundlage des Deckungsverhältnisses, dann § 334!

Wie erfolgt die bereicherungsrechtliche Rückabwicklung beim unechten Vertrag zugunsten Dritter, wenn das Deckungsverhältnis unwirksam ist?

↳ BereicherungsR, Rn. 215 ff.

Rückabwicklung bei unwirksamem Deckungsverhältnis beim unechten VzDri

1. Schritt: Festlegung der Leistungsbeziehungen

Leistung = bewusste + zweckgerichtete Mehrung fremden Vermögens; Leistungszweck = Tilgung einer eigenen Verbindlichkeit ggü. dem Empfänger

Beim unechten VzDri will V erkennbar nur seine Pflicht ggü. VE erfüllen. V leistet also lediglich an VE (und VE leistet an D).

2. Schritt: Wo fehlt der Rechtsgrund

im Deckungsverhältnis; VE hat Befreiung von seiner Verbindlichkeit ggü. dem Dritten erlangt. Damit hat V bei VE nach § 812 I S.1 Alt.1 zu kondizieren.

Wie erfolgt die Rückabwicklung beim echten Vertrag zugunsten Dritter (bei unwirksamem Deckungsverhältnis)?

Rückabwicklung bei unwirksamem Deckungsverhältnis beim echten VzDri

Problem: Wg. eigenem Anspruch des Dritten will Versprechender auch ihm gegenüber Verbindlichkeit erfüllen; er leistet zugleich an VE sowie an D; § 812 I S.1 Alt.1 gg. D denkbar.

↓

Aber: D würde damit schlechter stehen als bei einem unechten VzDri, bei dem V nicht ihm gegenüber kondizieren könnte. Der echte VzDri soll dem Dritten aber gerade *mehr* Rechte einräumen, nicht ihn schlechterstellen. Damit keine Kondiktion ggü. D, im Ergebnis wie beim unechten VzDri!

Wem steht beim echten Vertrag zugunsten Dritter das Recht zu, im Falle einer Leistungsstörung durch den Versprechenden Schadensersatz zu fordern?

SE beim echten VzDri

SE **neben** der Leistung	SE **statt** der Leistung
§ 280 I; §§ 280 I, II, 286 I	§§ 280 I, III, 281 – 283; 311a II
• können vom Dritten geltend gemacht werden • auch vom VE, wenn dieser eigenes ForderungsR behält, § 335 **Beachten:** Jeder kann nur seinen *eigenen* Schaden ersetzt verlangen!	• grds. nur vom VE, da Bestand des Deckungsverhältnisses betroffen; aber nur mit Zustimmung des Dritten, § 351 analog • Dritter: grds. (-); anders wenn **im Vertrag** zw. VE und V Ausübung durch ihn **vorgesehen**

Wem steht beim echten Vertrag zugunsten Dritter die Ausübung von Gestaltungsrechten zu?

Gestaltungsrechte beim echten VzDri

Ausschließlich schuldbezogene GestaltungsRe

= v.a. WahlR, § 262

- steht dem Dritten zu, im Zweifel ohne Mitwirkung des VE
- Vertrag zwischen VE und V kann jedoch ein anderes vorsehen

Sonstige GestaltungsRe

- betreffen **gesamtes** Vertragsverhältnis, stehen daher dem VE zu. Dritter muss analog § 351 zustimmen (Ausnahme: Anfechtung wg. Schutz der freien Willensbildung)
- Übertragung durch VE an Dritten möglich

Welche Voraussetzungen hat ein Vertrag mit Schutzwirkung zugunsten Dritter (VSD)?

Vertrag mit Schutzwirkung zugunsten Dritter (VSD)

(1)	Leistungsnähe
(2)	Gläubigernähe
(3)	Erkennbarkeit von (1) und (2) für Schuldner
(4)	Schutzbedürftigkeit

Welche Rechtsfolge ergibt sich aus dem Vorliegen eines VSD?

Rechtsfolge des VSD

Anders als beim echten VzDri hat der Dritte weder ein eigenes Forderungsrecht hinsichtlich der Leistung, noch kann der VE Leistung an den Dritten verlangen.

Dritter wird jedoch in Schutzbereich des Vertrages zwischen Gl. und Schu. einbezogen, d.h. Schutz hinsichtlich vertraglicher Pflichtverletzungen, obwohl Dritter selbst nicht Vertragspartei.
Werden sie verletzt, stehen ihm **vertragliche Sekundäransprüche** auf Ersatz seiner Schäden zu, wie wenn er selbst Vertragspartei wäre. Anspruchsgrundlage z.B. §§ 280 I, 535 i.V.m. den Grundsätzen des VSD.

Von welchem Prinzip des Schuldrechts macht das Institut des VSD eine Ausnahme? Was ist der Hintergrund dieses Instituts?

Über das Institut des VSD erhält ein Dritter vertragliche Sekundäransprüche, ohne Vertragspartei zu sein. Dies widerspricht dem Grundsatz der **Relativität** schuldrechtlicher Beziehungen!

Hintergrund ist die „Schwäche des Deliktsrechts". Abgeschwächter Schutz nicht in allen Situationen gerechtfertigt

- VSD erreicht **allgemeinen Vermögensschutz**, während §§ 823 ff. eine Verletzung der in § 823 I genannten Rechtsgüter fordern
- **Einstehenmüssen** für Verhalten **Dritter** bei VSD über § 278; demgegenüber sieht DeliktsR Exkulpationsmöglichkeit des § 831 I S.2 vor
- **Beweislastverteilung** zugunsten des Geschädigten, § 280 I S.2, im DeliktsR muss Geschädigter dagegen alle Anspruchsvoraussetzungen beweisen.

Wann liegt Leistungsnähe vor?

Leistungsnähe

Dritter muss mit der Primärleistung *bestimmungsgemäß* derart in Berührung kommen, dass ihn die Gefahr von Leistungsstörungen in gleicher Weise wie den Gläubiger trifft

Z.B. in Wohnung lebendes Kind des Mieters ggü. den Verpflichtungen des Vermieters; nicht allzu strenge Anforderungen

Unter welchen Voraussetzungen ist Gläubigernähe anzunehmen?

frühere Auffassung	Besondere Nähebeziehung in Form eines „personenrechtl. Einschlags“ erforderlich: Gläubiger muss für „Wohl und Wehe“ des Dritten verantwortlich sein, z.B. familienrechtl. oder arbeitsvertragl. Beziehung
heutige Auffassung	**Neben** personenrechtl. Einschlag auch **andere Fälle** der Gläubigernähe denkbar: • Einbeziehung des Dritten aufgrund Vereinbarung im Vertrag, §§ 133, 157 (Privatautonomie!) • Leistung ist für Gläubiger erkennbar für einen Dritten bestimmt, v.a. bei **Gutachterverträgen** (z.B. Grundstückseigentümer holt Gutachten bzgl. des Werts seines Grundstücks ein, das er den Kaufinteressenten vorlegen wird)

Wann ist der Dritte nicht „schutzbedürftig“?

Schutzbedürftigkeit

(-), wenn der Dritte **eigene** vergleichbare Ansprüche gegen den **Gläubiger (oder Dritten: L/L 18, 153)** hat

Unschädlich dabei: deliktische Ansprüche; diese sind aufgrund der oben aufgezeigten Unterschiede nicht mit vertraglichen Sekundäransprüchen vergleichbar!

V hat AG eine Maschine vermietet. Diese wird durch leichte Fahrlässigkeit des Arbeitnehmers, AN beschädigt. Ansprüche des V, wenn seit Rückerhalt der Maschine schon 1 Jahr verstrichen ist?

Ansprüche gegen AG

- Anspruch aus §§ 280 I, 546 (i.V.m. § 278) wegen Verletzung der Rückgabepflicht nach § 548 I verjährt
- § 548 I auch auf evtl. Anspruch aus § 831 I S.1 anwendbar, da die Norm anderenfalls leerliefe; daher durchsetzbare Ansprüche V gegen AG (-)!

Ansprüche gegen AN

grds. Anspruch aus § 823 I (+); **aber:** Mietvertrag ist Vertrag mit Schutzwirkung für AN (Gläubigernähe wg. arbeitsvertragl. Beziehung!); Einbeziehung in Schutzbereich bedeutet auch Inanspruchnahme von **Haftungsprivilegien** wie die der kurzen Verjährung nach § 548 I
Daher Anspruch gegen AN verjährt, durchsetzbare Ansprüche (-)!

Hintergrund: Wg. Regeln des innerbetrieblichen Schadensausgleiches hätte AN Freistellungsanspruch gegen AG; damit bliebe von § 548 I für den AG im Ergebnis nichts übrig (→ Arbeitsrecht)

Unter welchen Voraussetzungen kommt das Rechtsinstitut der Drittschadensliquidation zur Anwendung?

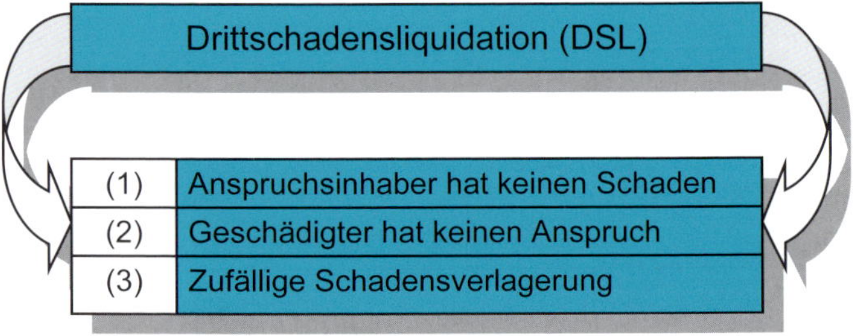
Drittschadensliquidation (DSL)
(1) Anspruchsinhaber hat keinen Schaden
(2) Geschädigter hat keinen Anspruch
(3) Zufällige Schadensverlagerung

Was ist die Rechtsfolge der Drittschadensliquidation?

(1) Der Schaden wird „zum Anspruch“ (d.h. zum Anspruchsinhaber) gezogen;

(2) Der Geschädigte hat gegen den Anspruchsinhaber einen Abtretungsanspruch bzw. nach Einziehung Anspruch auf Auszahlung des eingezogenen Betrages, § 285 analog

Worin liegt – schlagwortartig – der Unterschied zwischen DSL und VSD?

Drittschadensliquidation

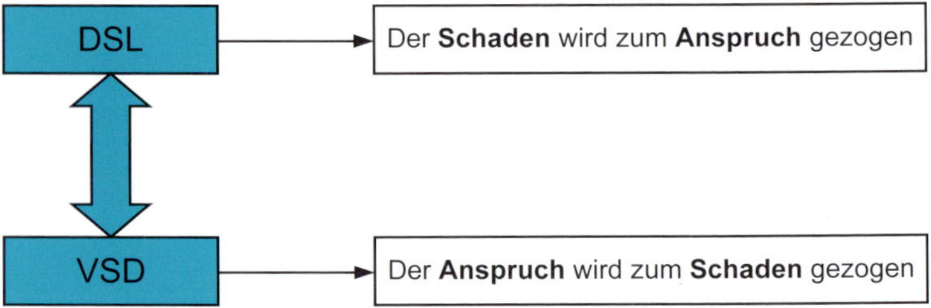

Welche sind die drei typischen Fallgruppen der „zufälligen Schadensverlagerung“ im Rahmen der DSL?

Zufällige Schadensverlagerung: Fallgruppen

Obligatorische Gefahrentlastung

- **§ 447 I**,
- Untergang des Werks vor Abnahme, nach Eigentumsübergang, **§ 644 I S.1**
- **§ 326 II Alt.2** unverschuldeter Untergang bei Annahmeverzug des Käufers

Obhutsfälle

Ber. Besitzer schließt mit Drittem Vertrag, der Obhutspflicht begründet; Dritter beschädigt Sache. Eig. hat keinen (vertragl.) Anspruch, Besitzer schon; DSL!

Mittelbare Stellvertretung

Geschädigter i.d.R. Hintermann; mittelb. StV hat aber Anspruch; aus Sicht des Schädigers ist diese Schadensverlagerung zufällig!

Was ist im Rahmen der DSL zu erörtern, wenn der Anspruchsinhaber deshalb keinen Schaden zu haben scheint, weil er aus dem schädigenden Verhalten neben Vermögensnachteilen auch Vermögensvorteile erhält?

Zur Bejahung des Schadens i.S.d. §§ 249 ff. genügt nicht die Gegenüberstellung zweier Vermögenslagen (Differenzhypothese); daneben sind **wertende** Gesichtspunkte zu berücksichtigen. Daher besteht ein sog. normativer Schaden, wenn der Vermögensvorteil aus Wertungsgründen nicht zu berücksichtigen ist, **Ausschluss** des sog. **Vorteilsausgleiches**

In diesem Fall hat der Anspruchsinhaber selbst einen Schaden, Voraussetzung (1) der DSL fehlt, DSL **(-)**!

Welche Formen der Gläubiger- und Schuldnermehrheiten gibt es?

Gläubiger- / Schuldnermehrheiten

Mehrheit von Gläubigern	Mehrheit von Schuldnern
Teilgläubigerschaft § 420	**Teilschuldnerschaft** § 420
Gesamtgläubigerschaft §§ 428-430	**Gesamtschuldnerschaft** §§ 421-427
Mitgläubigerschaft § 432	**Gemeinschaftliche Schuld** nicht gesetzl. geregelt

Erläutern Sie die wesentlichen Rechtsfolgen der einzelnen Gläubigermehrheiten. Welche Form ist für Schuldner bzw. die Gläubiger am ehesten interessengerecht?

Teilgläubigerschaft	§ 420; jeder Gläubiger ist berechtigt, nur *seinen* Anteil zu fordern. Für **Gläubiger** interessengerecht, da jeder sofort erhält, was ihm zusteht; nachteilig für Schuldner, der oft über die Verteilungsverhältnisse zw. den Gläubigern im Unklaren sein wird und mehrfach leisten muss
Gesamtgläubigerschaft	§§ 428 - 430; Schuldner kann befreiend an einen Gläubiger leisten; dann interne Verteilung nach § 430 Günstig für **Schuldner**, der nur einmal alles leisten muss; nachteilig für Gl., die auf Ausgleichsanspruch gegen den Empfänger nach § 430 verwiesen sind
Mitgläubigerschaft	§ 432; Schuldner hat an alle Gl. gemeinsam zu leisten Stellt **Ausgleich** der Interessen auf Schuldner- wie auf Gläubigerseite dar!

Ergibt sich aus einer Teilschuldnerschaft zwingend Teilgläubigerschaft hinsichtlich der Gegenleistung?

Bsp.: *40 künftige Wohnungseigentümer geben Bau des Hauses gemeinsam in Auftrag*

Teilgläubigerschaft als „Kehrseite" der Teilschuldnerschaft?

Schuldnerseite: Gesamtschuldnerschaft nicht interessengerecht, da jeder Eigentümer allein die hohe Werklohnforderung leisten müsste; hier Teilschuldnerschaft anzunehmen, § 420

Gläubigerseite: Teilgläubigerschaft würde bedeuten, dass jeder Wohnungseigentümer Fertigstellung **eines Vierzigstels** verlangen müsste; dies ist praktisch nicht durchführbar. Leistung hat vielmehr an alle gemeinsam zu erfolgen, § 432.

↓ ↓

Teilgläubigerschaft ist **nicht** Kehrseite der Teilschuldnerschaft!

Welcher Art ist die Gläubigermehrheit, wenn die Forderung einer Gesamthandsgemeinschaft zusteht?

Erbengemeinschaft	Zahlung an alle wg. § 2040 I; jedoch Geltendmachung durch nur einen Miterben möglich, § 2039. Entspricht **§ 432**, Mitgläubigerschaft!
Gütergemeinschaft	Zahlung muss an beide Ehegatten gemeinsam erfolgen; verwaltender Ehegatte ist zur Geltendmachung berechtigt, § 1422. Ebenfalls **§ 432**!

Welche Art der Gläubigermehrheit besteht, wenn eine Forderung den Mitgliedern zur Gemeinschaft nach Bruchteilen zusteht, §§ 741 ff. BGB?

Es liegt keine Gesamthandsgemeinschaft vor, da jeder Teilhaber Anteil am einzelnen Gegenstand hat, über den er verfügen kann, § 747 S.1.

Dennoch geht h.M. nicht von Teil-, sondern von **Mitgläubigerschaft** aus: Einziehung der Forderung gehört zur Verwaltung, die nach § 744 I den Teilhabern nur *gemeinschaftlich* zusteht.

Charakterisieren Sie die verschiedenen Formen der Schuldnermehrheit!

Schuldnermehrheit

Teilschuldnerschaft

§ 420; Schuldner haben jeweils nur **ihren Anteil** zu erbringen

Gesamtschuldnerschaft

§§ 421 - 427; jeder Schuldner schuldet **ganze** Leistung; Regress nach § 426 I, II

Gemeinschaftliche Schuld

nicht geregelt, vgl. nächste KK

Welche beiden Formen der gemeinschaftlichen Schuld gibt es?

Gemeinschaftliche Schuld

- Schuldner sind verpflichtet, **durch ihr Zusammenwirken** Leistungserfolg zu erbringen
- Gläubiger kann Leistung nur von allen gemeinsam verlangen

Gesamthandsschuld

Gesamthänder können Schuld nur gemeinschaftlich erfüllen; Gesamthandsschulden sind daher gemeinschaftl. Schulden

Gemeinschaftl. Schuld i.e.S.

Sonstige Fälle; v.a.: Schuldner können aus **tatsächlichen** Gründen Leistungserfolg nur gemeinschaftl. bewirken, z.B.: Spielverpflichtung eines Streichquartetts

Was sind die Voraussetzungen für das Vorliegen einer Gesamtschuld?

Voraussetzungen für Gesamtschuld

(1)	Mehrere Schuldner, jeder zur vollen Leistung verpflichtet	§ 421
(2)	Gläubiger darf Leistung nur einmal fordern	§ 421
(3)	Gleichartiges Leistungsinteresse	
(4)	Innere Verbundenheit	str.

Ist für das Vorliegen einer Gesamtschuld eine Identität des geschuldeten Leistungsgegenstandes erforderlich?

§ 421: „eine“ Leistung, also grds. dieselbe Leistung; muss aber nicht absolut inhaltsgleich sein, es genügt die **Gleichartigkeit** des zu befriedigenden **Gläubigerinteresses**

z.B.: Bauunternehmer erbringt mangelhafte Leistungen, Architekt hat diesbezügl. Aufsichtspflicht nicht ordnungsgemäß erfüllt. Architekt schuldet SE nach §§ 650q I, 634 Nr. 4, 636, 280 I, III, 283, da Nacherfüllung *der Aufsicht* unmöglich, Bauunternehmer schuldet Nachbesserung (§§ 650a, 634 Nr. 1, 635). Leistungs*gegenstand* zwar **nicht identisch**, aber Leistungs*interesse* aus Gläubigersicht gleichartig, daher Gesamtschuld möglich!

Ein minderjähriges Kind M wird durch Verschulden des D verletzt. Die Eltern bezahlen die Behandlungskosten. Können sie bei D nach § 426 I, § 426 II BGB Rückgriff nehmen?

Rückgriff nach § 426 I sowie § 426 II i.V.m. der Forderung des M gegen D nur anwendbar, wenn zwischen Eltern und D Gesamtschuldverhältnis bestand.

Wesentliches Merkmal der Gesamtschuld ist v.a. **wechselseitige Tilgungswirkung**: Zahlung des einen Schuldners muss Erlöschen der Schuld des anderen Schuldners gegenüber dem Gläubiger zur Folge haben, § 422 I

↓

Bezahlung der Behandlungskosten durch unterhaltspflichtige Eltern (§§ 1601 ff.) lässt Anspruch des M gegen D bestehen, da für D wg. § 843 IV eine Vorteilsanrechnung ausscheidet. Da es an der wechselseitigen Tilgungswirkung fehlt, lag **keine Gesamtschuld** vor, § 426 (-)!

Welcher Art muss die „innere Verbundenheit“ der Forderungen sein?

Innere Verbundenheit

Früher: Zweckgemeinschaft	Heute: Gleichstufigkeit
Keine Gesamtschuld, wenn Schuldner absichtslos bzw. nur zufällig nebeneinander treten **Kritik:** Gesetzliche Fälle der Gesamtschuld, v.a. § 840 I, erfüllen dieses Kriterium nicht!	Erforderlich nur, dass Schuldner nach **außen** auf gleicher Stufe stehen (unbeachtlich ist Verteilung der Haftungsquoten im *Innen*verhältnis!) **Daher:** (-) in Fällen der Legalzession oder des § 255. **Z.B.:** Versicherung kommt für Schaden auf und kann Regress beim Schädiger nehmen. Daher ist Schädiger nach außen letztverpflichtet, Gesamtschuld zw. Schädiger und Versicherung (-)!

E gibt V eine Sache in Verwahrung; aufgrund Verschuldens des V kann Dieb D die Sache stehlen. Besteht ein durchsetzbarer Anspruch des E gegen V?

↳ Rückgriffsansprüche, Rn. 164 f.

V´s Rückgabepflicht ist nach § 275 I ausgeschlossen (Unmöglichlichkeit); da Unmöglichkeit von V zu vertreten, besteht SE-Anspruch statt der Leistung des E gegen V nach **§§ 695, 280 I, III, 283** (Schaden = Wert der Sache!)

Problem: E **bleibt Eigentümer** der Sache, kann sie vom Dieb nach § 985 herausverlangen. Im Ergebnis würde E durch die Leistungsstörung des V **bereichert**!

Lösung: Ausdruck des schadensersatzrechtl. Bereicherungsverbotes ist **§ 255**: E hat dem V im Gegenzug die Sache zu übereignen (§§ 929 S. 1, 931: Abtretung des Anspruchs gegen D aus §§ 823 I, 249 I bzw. § 812 I S. 1, 2. Alt., **nicht** § 985!); V hat LeistungsverweigerungsR = Einrede nach §§ 273 I, 274!

Sind D und V Gesamtschuldner, wenn in der Konstellation der vorherigen KK die Sache bei D untergeht?

↳ Rückgriffsansprüche, Rn. 166 ff.

D haftet nach **§§ 989, 990** (verschuldensunabhängig, § 848); gleiches Leistungsinteresse für E wie Anspruch gegen V aus §§ 695, 280 I, III, 283. Jedoch mangels Gleichstufigkeit keine Gesamtschuld, wenn auch *jetzt* V gegen E Anspruch aus § 255 hätte: D wäre nachrangig verpflichtet!
§ 255 und Gesamtschuld stehen im gegenseitigen Ausschlussverhältnis!

BGH

Hält Gesamtschuld wg. Anwendbarkeit des § 254 i.R.d. § 426 I, II für flexibler

A.A.

Keine Gesamtschuld, sondern **§ 255**:
- Dieb stünde nach Zerstörung der Sache besser (es sei denn interne Haftung (§ 426 I, II) zu 100%)
- hätte E *vor* Untergang der Sache diese an V übereignet (→ vorherige KK), müsste D diesem gegenüber voll haften; Umfang der SE-Pflicht des D wäre zufallsabhängig!

Welche Auswirkungen hat ein Erlass zwischen Gläubiger und einem Gesamtschuldner?

Erlassvertrag (§ 397) und Gesamtschuld

Maßgebl. ist der durch **Auslegung**, §§ 133, 157 zu bestimmende Parteiwille, vgl. § 423

Einzelwirkung	Gesamtwirkung	Beschränkte Gesamtwirkung
Erlass befreit **nur** den betreffenden Gesamtschuldner, § 397; zahlen andere Gesamtschuldner, können sie den begünstigen GS. nach § 426 I in Regress nehmen (§ 426 II geht ins Leere)	**Auch andere GS.** werden frei (= § 423); diese können Befreiung nach § 333 analog zurückweisen, dann nur Einzelwirkung	Andere GS. werden **insoweit** frei, als sie beim begünstigten GS. nach § 426 I, II **Regress** nehmen könnten. Damit Regress ausgeschlossen; § 333 analog mgl.

Schildern Sie die Bedeutung von § 254 BGB innerhalb des § 426 BGB!

§ 254 und § 426

Grds. Verpflichtung der GS. im Innenverhältnis zu *gleichen* Teilen, es sei denn es ist „ein anderes bestimmt“; hierbei wird **§ 254** herangezogen: bei verschuldensabhängigen Ansprüchen entspricht die Verteilung im Innenverhältnis den **Verschuldensanteilen**!

Daher:

- Anspruch nach **§ 426 I** nur in Höhe des Verschuldensanteils = Haftungsanteils des betreffenden GS.
- In gleichem Umfang Legalzession nach **§ 426 II** (Wortlaut: „soweit“)

Welche Unterschiede bestehen zwischen dem § 426 I BGB und § 426 II BGB?

§ 426 I	§ 426 II
Vor Befriedigung durch einen GS.: Befreiungsanspruch gegen andere GS. in Höhe des jew. Haftungsanteils; **danach:** Zahlungsanspruch	Geltung erst mit Befriedigung durch einen GS., Wortlaut
Eigenständiger Anspruch	Legalzession: In Höhe des jew. Haftungsanteils geht Anspruch des Gl. gegen den anderen GS auf zahlenden GS über
Anspruch ungesichert	GS. erhält nach §§ 412, 401 Sicherheiten
Keine Einreden aus Verh. Gl. / andere GS.	Einreden (Verjährung!) bleiben nach §§ 412, 404 bestehen

Welche Problemkonstellation wird mit der Bezeichnung „gestörte Gesamtschuld“ beschrieben?

Gläubiger- / Schuldnermehrheiten

↳ Rückgriffsansprüche, Rn. 328 f.

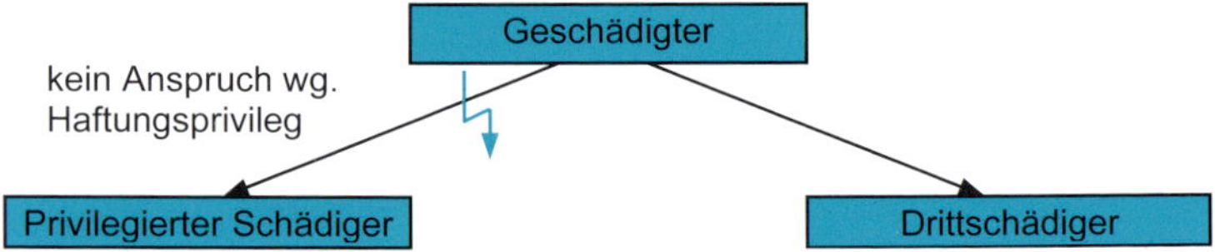

Privilegierter Schädiger haftet wg. vertragl. oder gesetzl. Haftungsprivilegierung (z.B.: § 1664) nicht; Drittschädiger muss dem Geschädigten Schaden ersetzen, ohne nach § 426 I, II gegen den priv. Schädiger Rückgriff nehmen zu können: § 426 I, II ist mangels Vorliegens eines Gesamtschuldverhältnisses nicht anwendbar!

Problem: Verschuldensanteil des priv. Schädigers wird nicht berücksichtigt; wg. fehlender Regressmöglichkeit auch „Regressbehinderung“ (oder ungenau: unechte Gesamtschuld)

Welche Lösungsmöglichkeiten kommen bei der „gestörten Gesamtschuld“ in Betracht?

↳ Rückgriffsansprüche, Rn. 330 ff.

Lösungsmöglichkeiten: Gestörte Gesamtschuld

zu Lasten des **Dritten**	keine Wertungskorrektur; Dritter hat vollen Schaden ohne Regressmöglichkeit zu ersetzen
zu Lasten des **priv. Schädigers**	„fingierte Gesamtschuld“: priv. Schädiger haftet nicht, jedoch kann Dritter Regress nehmen, *als ob* Gesamtschuld bestünde
zu Lasten des **Geschädigten**	Anspruch des Geschädigten gegen Drittschädiger ist um Verschuldensanteil des privilegierten Schädigers zu kürzen

Wie ist das Problem der „gestörten Gesamtschuld“ im Falle vertraglicher Haftungsprivilegierungen zu lösen?

↳ Rückgriffsansprüche, Rn. 333 ff.

Vertragliche Haftungsprivilegierung

Unstr. **nicht** zu Lasten des Dritten, denn: Vertragl. Haftungsfreistellung würde unzulässigen Vertrag zu Lasten Dritter darstellen!

↓

zu Lasten des **priv. Schädigers**	„fingierte Gesamtschuld": so BGH, da Vertrag nur Verhältnis zw. Geschädigtem und priv. Schädiger erfasst und keine Außenwirkung hat. **Kritik:** Aus vertragl. Vereinbarung kann priv. Schädiger Regress beim Geschädigten nehmen; solcher „Haftungskreisel" unnötig
zu Lasten des **Geschädigten**	nach h.L.; sachlich gleiches Ergebnis wie BGH unter Vermeidung des „Haftungskreisels"

Was gilt bei gesetzlichen Haftungsprivilegierungen?

↳ Rückgriffsansprüche, Rn. 333 ff.

Gesetzliche Haftungsprivilegierung

zu Lasten des **Dritten**	So **BGH** bei § 1664; Hintergrund: Schutz des „Familienfriedens“, das Eltern-Kind-Verhältnis (bei § 1359: Ehegatten-Verhältnis) soll nicht durch Berücksichtigung des Verschuldensanteils des priv. Schädigers belastet werden
zu Lasten des **priv. Schädigers**	**Kaum** vertreten; zwar kein Problem eines „Haftungskreisels“; jedoch würde die Privilegierung durch Annahme einer fingierten Gesamtschuld im Ergebnis unterlaufen.
zu Lasten des **Geschädigten**	So **h.L.**: die gesetzl. Haftungsprivilegierung bewirkt eine „umfassende Interessenabwertung“ in Höhe des Verschuldensanteils des priv. Schädigers

Verstehen:
Bevor Sie beginnen, schaffen Sie sich eine geeignete Lernatmosphäre (Mood: Einstimmen). Lesen sie die Karteikarte zunächst dahingehend, dass Sie sie verstehen. „Kartenfresserei" rentiert sich nicht. Wachstum als Jurist heißt Auseinandersetzung mit Problemfeldern. So lernt nur derjenige richtig, der Gehörtes oder Gelesenes auch verstanden hat. Schaffen Sie sich Verständnis, indem sie zunächst das Problem definieren (Problem erkannt, Gefahr gebannt). Fragen Sie sich auch, was der Grund für eine Regelung ist.
Machen Sie sich bewusst, dass das Kurzzeitgedächtnis nur 7-9 Sinneseinheiten abspeichert. Über die Strukturierung der Karteikarte gelingt es Ihnen, mehr abzuspeichern.

✔ **Sie haben sich jetzt bemüht, den gelesenen Stoff zu verstehen und damit den ersten wesentlichen Schritt des Lernens gemeistert.**
Sortieren Sie jetzt die Karteikarte unter Stufe 2 Wiederholen ein.

Gefahr Vergessen: In der Regel wird das Gelernte innerhalb 24 Stunden bis zu 70 % wieder vergessen. Daher ist es wichtig, das Gelernte auf Stufe 2 am nächsten Tag zu wiederholen, bevor Sie sich neue Karteikarten vornehmen.

Wiederholen:
Das Wiedererinnern des Ler[illegible] vertieft die Gedächtnisspur. Finden Sie heraus, wie vi[illegible] haben [illegible] Sie sich in welchem Zusammenhang [illegible] [illegible] Es bleibt immer mehr [illegible]

Haben Sie sich an das Gelernte umfänglich erinnert?

✔ Der Stoff ist nun einen Schritt näher auf dem Weg zum Langzeitgedächtnis. Bestimmte Problemkreise haben Sie nun abgespeichert. Es darf daher Stufe 3 übersprungen werden.
Sortieren Sie die Karteikarte unter 4. (fundiertes Wissen) ein.

✘ Haben Sie sich nur teilweise oder gar nicht an das Gelernte erinnert, so muss der Lernstoff noch mal vertieft werden. Bleiben Sie am Ball: Es gilt am nächsten Tag Stufe 3.
Sortieren Sie die Karteikarte unter Schritt drei "2. Wiederholen" ein.

Was versteht man unter dem Rechtsbindungswillen und wann liegt er vor?

↳ Basics Zivilrecht – Band I, Rn. 4

Rechtsbindungswille = Wille, einen bestimmten rechtlichen Erfolg, insbes. vertragliche Pflichten herbeizuführen

Liegt vor, wenn der Erklärungstatbestand einer WE sich für den objektiven Beobachter als Äußerung eines Rechtsfolgewillens darstellt

Also: Grds. im **obj. TB** zu prüfen! Wenn Wille, sich rechtl. zu binden objektiv vorhanden ist und nur subjektiv fehlt, fehlt das Erklärungsbewusstsein! Rspr. ordnet nicht klar zu, eigene Fallgruppe „Rechtsbindungswille“

In welchen klassischen Fällen ist das Vorliegen des Rechtsbindungswillens fraglich?

Rechtsbindungswille

↳ BGB-AT I, Rn.70 ff.

Rechtsbindungswille problematisch:

- Sog. „Angebot freibleibend“ (i.d.R. eine invitatio ad offerendum)
- Gefälligkeitsverhältnisse des täglichen Lebens
- Spontane Erklärungen über Anerkennung einer Schuld
- Scheingeschäft, § 117 I

Wie ist das Gefälligkeitsverhältnis von einem Rechtsgeschäft abzugrenzen?

! Gefälligkeitsverhältnisse

↳ BGB-AT I, Rn. 74

Liegt Rechtsbindungswille vor? Ermittlung nach obj. Empfängerhorizont, §§ 133, 157

Mgl. Indizien pro RB-Wille:

- große wirtschaftl. / rechtl. Bedeutung für Empfänger
- bes. Art, Grund oder Zweck der Gefälligkeit, Wert der Sache
- dem Gefälligen erkennbare Gefahren für Empfänger

Rechtsbindungswille (+)

↳ Gefälligkeitsvertrag bzw. rechtsgeschäftlich-ähnliche Gefälligkeit

Indizien contra RB-Wille:

- Bloßer Rat (vgl. aber unbeschadet § 675 II)
- ↳ Gefälligkeit des tägl. Lebens

Rechtsbindungswille (-)

Nach welchen Vorschriften wird im Rahmen der unterschiedlichen Gefälligkeitsverhältnisse gehaftet?

Gefälligkeitsverhältnisse

↳ BGB-AT I: Karteikarte Nr. 17

Gefälligkeitsverträge (z.B. Leihe, Auftrag)

Haftung:

- es gelten die §§ 280 ff. direkt
- zudem Haftung nach Deliktsrecht
- evtl. Haftungsminderungsnorm

Gefälligkeitsverhältnisse mit rechtsgeschäftsähnlichem Charakter (z.B. Auto an Freund für Spazierfahrt)

Haftung:

- bei Leistungsstörungen: aus §§ 280 I, 241 II / § 311 II **Nr.3**: **Rechtsbindungswille bzgl.** Sekundär-, nicht bzgl. Primärpflicht!
- nach Deliktsrecht

Gefälligkeiten des täglichen Lebens

Haftung:

nur nach den Vorschriften des Deliktsrechts, z.B. § 823 I (evtl. Haftungsbeschränkung, vgl. KK Nr. 9)

Welcher Haftungsmaßstab gilt im Rahmen der deliktischen Haftung (bei Verschulden) bei Gefälligkeiten des täglichen Lebens?

Haftungsmaßstab

↳ BGB-AT I, Rn. 77 ff.

Haftungsbeschränkung bei Gefälligkeiten des täglichen Lebens für §§ 823 ff.?

e.A.: in Gesamtanalogie zu §§ 521, 599,690: generell Beschränkung auf Vorsatz und grobe Fahrlässigkeit wegen **Unentgeltlichkeit**
a.A.: volle Haftung

↔

h.L.: Gesetz sieht für Auftrag trotz Unentgeltlichkeit keine Haftungsbeschränkung vor;
daher: darauf abstellen, welcher (auch ähnliche) Vertragstyp *vorläge*, wenn RBWille gegeben *wäre*.
z.B.:
wenn verwahrungsähnlich: § 690 analog; wenn auftragsähnlich, keine Haftungsbeschränkung!

Anderer Ansatzpunkt:
billige Ergebnisse durch konkl. Haftungsausschluss (v.a., wenn Schädiger Versicherungsschutz fehlt)

Wie ist die sog. Erklärung von Unfallbeteiligten am Unfallort („Ich bin schuld!“) zu beurteilen?

Erklärungen am Unfallort

↳ BGB-AT I: Karteikarte Nr. 18

Ermittlung nach §§ 133, 157: Rechtsbindungswille des Erklärenden?

Konstitut. Schuldanerkenntn.? §§ 780, 781 (AGL!)

i.d.R. (-): grds. fehlt Wille, eine neue Schuld zu begründen

Deklarat. Schuldanerkenntn.?

Verzicht auf bestehende (evtl. künftige) Einwendungen / Einreden (z.B. § 7 II StVG):
I.d.R. RBWille auch insoweit (-).
Anders nach vorherigem Streit!

i.d.R. bloße Wissenserklärung ohne rechtsgeschäftlichen Charakter !
Wirkung: Beweislastverbesserung für Empfänger; str., ob Beweislastumkehr oder nur Indizwirkung (h.M.) im Rahmen des § 286 ZPO

Welche rechtliche Bedeutung hat ein sogenanntes „Angebot freibleibend"?

Bindung an den Antrag

↳ BGB-AT I: Karteikarte Nr. 22

„Angebot freibleibend"

h.M.: Antrag ohne Rechtsbindungswille: bloße invitatio ad offerendum

↓

Erklärungspflicht des Erklärenden: unverzügliche Ablehnung nach Angebot, sonst gilt sein Schweigen als Annahme

a.A.: Widerrufsrecht wird vorbehalten, § 145 a.E.

↓

Problem: Widerruf nur bis zum Zugang der Annahmeerklärung möglich, i.d.R. nicht interessengerecht!

Für welche Art von Willenserklärungen gilt § 116 S.2 BGB? Welche Ausnahmen gibt es?

! § 116 S. 2 BGB: Ausnahmen

↳ BGB-AT II, Rn. 58

Grundsatz:

↓

Nichtigkeit nach § 116 S.2 grds. nur bei **empfangsbedürftigen** Willenserklärungen

Ausnahmen:

Bzgl. Empfangsbedürftigkeit:
Analoge Anwendung auf § 657 ff.
↳ Auslobung (nicht empfangsbedürftig) ggü. Bösgläubigen nichtig

Bzgl. Nichtigkeit: § 1314
Vorschrift bzgl. Willensmängeln bei Eheschließung abschließend, § 116 S.2 gilt nicht!

Wann liegt ein Scheingeschäft i.S.d. § 117 I BGB vor? Was ist zu beachten, wenn auf einer Seite ein Stellvertreter handelt?

Scheingeschäft

↳ BGB-AT II, Rn. 58a

Scheingeschäft: Voraussetzungen

Parteien d. Rechtsgeschäftes wollen dessen **Wirksamkeit** einverständlich nicht (= Rbw (-), wollen „rechtsgeschäftlichen Erfolg" nicht). **Nicht** erforderlich: Absicht, Dritte zu täuschen!

Maßgebliche Frage daher immer:
Ist der rechtliche Erfolg gewollt oder nicht?

So ist z.B. das Strohmanngeschäft i.d.R. gewollt und daher gültig, wenn Strohmann die mit Außenverhältnis verbundenen Pflichten übernehmen will (z.B. GmbH-Gründung). Anders, wenn bei Einstellung eines AN nur das Führungszeugnis (eines anderen) benötigt wird, aber nicht dessen Anstellung: dann § 117 I BGB.

Beim Scheingeschäft handelt es sich um einen Willensmangel: Es kommt gem. § 166 I auf das Einverständnis des Vertreters an.

Worum handelt es sich bei Treuhand-, Strohmann- und Umgehungsgeschäften?
Ist bei diesen § 117 I BGB zu bejahen?

Scheingeschäft

↳ BGB-AT I: Karteikarte Nr. 26

§ 117 (-), wenn Wirks. des Geschäfts gewollt (weil gebraucht):

Strohmanngeschäft: Einschaltung eines Dritten, um so wirtsch. Erfolg zu erreichen: „mittelbare Stellvertretung" (B soll bei C Bild kaufen, weil C an A nicht verkauft; Kaufvertrag **wirksam**!)
i.d.R. § 117 (-)

Treuhandgeschäft: Beteiligten wollen **Wirksamkeit** des Rechtsgeschäfts zur Erreichung eines anderen Zieles (z.B.: A überträgt B seinen Gesellschaftsanteil, um ihn Gläubigern zu entziehen)
i.d.R. § 117 (-)

Umgehungsgeschäft: Nachteile bei gewöhnlicher Vorgehensweise werden umgangen, z.B.: B will A als AN; jedoch sollen Lohnansprüche der Frau C des A zustehen, um Lohnpfändungen gg. A zu vermeiden; **Wirksamkeit** des Arbeitsvertrages mit C gewollt!
i.d.R. § 117 (-), evtl. aber § 134, 138 BGB

Welcher Vertrag gilt beim Schwarzkauf nach Heilung gem. § 311b I S.2 BGB?

Der formnichtige Vertrag wird mit Auflassung und Eintragung wirksam. Die Heilung erstreckt sich auf den gesamten Inhalt des Vertrags. Geheilt wird nur die Formnichtigkeit.

Der eigentlich gewollte Kaufpreis wird durch die Heilung der Form wirksam Vertragsinhalt. Der wirklich gewollte Kaufpreis kann verlangt werden.

Zweites Wiederholen ("kleine Strafrunde"):
Beschäftigen Sie sich am Tag nach Stufe 2 mit dem "unvollständig Gelernten". In der Klausur wäre der Stoff noch nicht abrufbar. Machen Sie sich bewusst, warum der Problemkreis nicht beherrscht wird. Lesen Sie gezielt noch mal in unseren Produkten nach und schaffen Sie sich hierdurch die Basis zum Verstehen.
Machen Sie sich kurze Notizen und Verweise.

- ✔ **Nach der zweiten Wiederholung wird die Karteikarte zurück auf Stufe zwei einsortiert und unterliegt dort am nächsten Tag nochmals einer Kontrolle. Durch diese Lernmethode widmen Sie den Problemkreisen, die Sie nicht auf Anhieb verstehen, von Anfang an mehr Zeit. So kommen sie über den Umweg 3 und nochmal Stufe 2 zu Stufe 4.**

Welche Rechtsfolgen knüpft das Gesetz an ein sog. „Scheingeschäft"?

↳ BGB-AT I: Karteikarte Nr. 24

§ 117: Rechtsfolgen

Nichtigkeit des Scheingeschäfts, § 117 I

Simuliertes Geschäft gegenüber *jedermann* nichtig.

Ausnahme: § 405!

Wirksamkeit des verdeckten (dissimulierten) Geschäfts, § 117 II

Soweit ein solches vorliegt und dessen Wirksamkeitsvoraussetzungen erfüllt sind (v.a. Form!)

Welche Gestaltung ist mit der Bezeichnung „Unterverbriefung“ (Schwarzkauf vor dem Notar) gemeint? Ist dieses Geschäft wirksam?

↳ BGB-AT I: Karteikarte Nr. 25

Unterverbriefung („Schwarzkauf“)

Käufer / Verkäufer vereinbaren nach außen geringeren Kaufpreis als sie eigentlich wollen, um Notargebühren und Grunderwerbsteuern „zu sparen“.

⇩

Rechtliche Situation:

- Wirksamkeit des Kaufvertrages mit dem *geringeren* Kaufpreis nicht gewollt, daher nichtig gem. § 117 I.
- verdecktes Geschäft bzgl. des *eigentlich gewollten* Kaufpreises zwar grds. gem. § 117 II wirksam; aber da insoweit notarielle Beurkundung fehlt, Geschäft gem. §§ 311b I S.1, 125 I unwirksam. Möglicherweise aber Heilung gemäß § 311b I S.2.

Fundiertes Wissen:
Die schon vorhandene Gedächtnisspur wird durch eine weitere Wiederholung vertieft. Wir empfehlen nach 1 Woche eine Wiederholung der hier einsortierten Karteikarten. So retten Sie das Gelernte in das Langzeitgedächtnis. Das Wiederholen geht jetzt schon viel schneller. Stichwortartig memorieren Sie die Hauptpunkte der Lösung.

Haben Sie sich an das Gelernte umfänglich erinnert?

✔ **Die Karteikarte darf vorrücken zu 5. Langzeitgedächtnis.**

✘ **Die Karteikarte wird noch nicht so sicher und schnell beherrscht wie gewünscht.**
Belassen Sie die Karte in Stufe 4.

Wie setzt sich eine Willenserklärung zusammen?

BGB-AT I: Karteikarte Nr. 13 ; Basics Zivilrecht – Band I, Rn. 5 ff.

Objektiver Tatbestand
(vgl. KK 4) **und**
Subjektiver Tatbestand

Handlungswille	Erklärungsbewusstsein	Geschäftswille
Bewusstsein, überhaupt zu handeln	Bewusstsein, etwas rechtlich Erhebliches zu erklären	Wille, eine ganz bestimmte Rechtsfolge herbeizuführen
Selten (-), z.B.: Hypnose, Schlaf		

Wie wirkt sich jeweils das Fehlen des

- Handlungswillens
- Geschäftswillens

auf die Willenserklärung aus?

↬ BGB-AT I, Rn. 58 f.

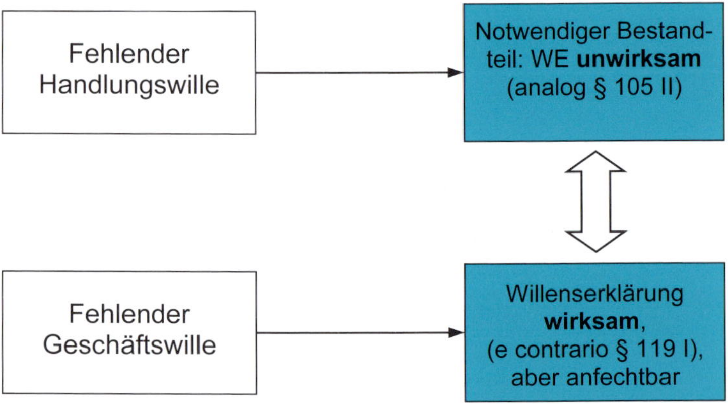

Welche Folgen hat ein Fehlen des Erklärungsbewusstseins?

Willenserklärung

↳ BGB-AT I: Karteikarte Nr. 14

Fehlendes Erklärungsbewusstsein

Willenstheorie:

Erst-Recht-Schluss aus § 118 analog: WE nichtig, da Erklärungsbewusstsein notwendiger Bestandteil; § 122 analog

Erklärungstheorie (h.M.):

Wegen Vertrauensschutz als WE zugerechnet, wenn:

Erklärender bei pflichtgemäßer Sorgfalt erkennen musste, dass sein Verhalten als WE zu deuten ist und der Empfänger **schutzwürdig** ist (bei Vertretern Zurechnung über § 166 I).

WE analog § 119 I 2. Alt. anfechtbar

Klassiker: „Trierer Weinversteigerung“: Ortsfremder hebt Hand zum Gruß und erhält Zuschlag Erklbew. (-)

Woraus besteht der objektive Tatbestand einer Willenserklärung?

Willenserklärung

↳ BGB-AT I: Karteikarte Nr. 11

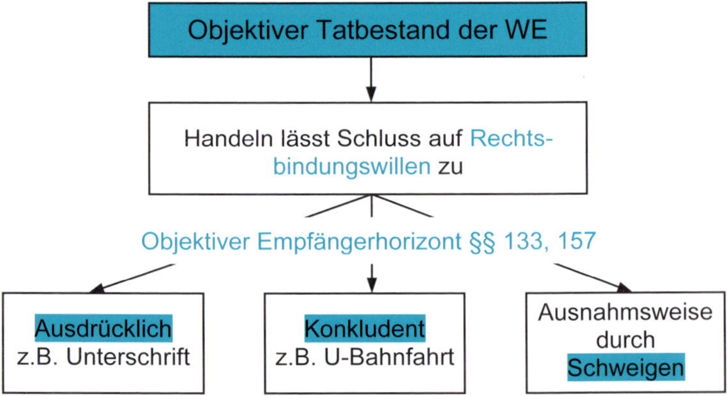

Was versteht man unter einer „invitatio ad offerendum"? Nennen Sie typische Beispiele!

Invitatio ad offerendum

↳ BGB-AT I: Karteikarte Nr. 20

Invitatio ad offerendum

Erklärender will nicht selbst Angebot machen, sd. nur zum Angebot durch *Empfänger* anregen; **RBWille** für Angebot **fehlt**!

(+)

- Ausstellung v. Waren im Schaufenster
- Speisekarten; Zeitungsinserate

GRUND

1) Erklärendem kommt es auf Person d. Vertragspartners an: Gefahr fehlender Zahlungsfähigkeit
2) Erklärender möchte nicht eine unbestimmte Anzahl von Verträgen schließen: SE-Pflicht!

(-)

- Zusenden unbestellter Ware (vgl. auch § 241a BGB !)

Zusender möchte ein *verbindliches* Angebot an den Adressaten machen, sog. „Realofferte" ↳ Auf Zugang der Annahmeerklärung wird i.d.R. verzichtet, § 151

Sind geheime Willensvorbehalte des Erklärenden für die Wirksamkeit seiner Willenserklärung beachtlich?

! Geheime Vorbehalte

↳ BGB-AT I: Karteikarte Nr. 23 ; Basics Zivilrecht – Band I, Rn. 76, 78

„Böser Scherz"

d.h.: Erklärender geht davon aus, dass Empf. Vorbehalt **nicht** erkennt u. Erklärung ernst nimmt:

- Empf. **kennt** den Vorbehalt: WE **nichtig**, § 116 S.2
- Empf. **kennt** Vorbehalt **nicht**: WE **wirksam**, § 116 S.1

„Guter Scherz"

d.h.: Erkl. geht davon aus, dass Empf. mangelnde Ernstlichkeit erkennt

- WE **nichtig**, § 118; **Ausnahme:**
- wenn Empf. WE erkennbar für ernst gemeint hält, muss Erkl. unverzüglich auf mangelnde Ernstlichkeit hinweisen, sonst WE wirksam, § 242!

Langzeitgedächtnis:
Wiederholen Sie auf dieser Stufe das Gelernte im Schnelldurchlauf nochmals nach **einem Monat**. Sie können jetzt an einem Tag ein ganzes Rechtsgebiet wiederholen.

- ✔ **Konnten Sie auf die Frage schnell und im Wesentlichen richtig antworten. Die Karteikarte bleibt auf dieser Stufe.**
- ✕ **Merken Sie beim stichwortartigen Memorieren der Karteikarte, dass Sie zu lange überlegen müssen, um das Gelernte wieder herzuleiten, so sortieren Sie diese Karteikarte nochmals auf Stufe 4 ein.**

An alles erinnert? Sie können mit sich zufrieden sein.
Der Lernstoff ist nun im Langzeitgedächtnis und Sie haben erfolgreich gegen das Vergessen angekämpft. Das Gelernte können Sie nun bei der Fallbearbeitung jederzeit abrufen.